어떻게 걸어야 하나

걷기명상

원혜·박승옥 함께 걷고
박승옥 적다

KB193398

기적의 마을책방

원혜 스님

경남 갈촌에서 태어나 1973년 공주 마곡사에서 일현 스님을 계사로 사미계를, 1978년 범어사에서 석암 스님을 계사로 구족계를 받았습니다.
1998년~2006년 봉은사 주지, 2009년~2013년 마곡사 주지를 역임했고, 지금은 충남 공주 사곡면에 있는 화림산방에서 텃밭 농사를 지으며 수행 정진하고 있습니다.

박승옥

충남 논산에서 태어나 돌베개출판사 편집장, 녹색평론 편집자문위원, 한겨레두레협동조합연합회 회장, 서울시민햇빛발전협동조합 이사장 등을 역임했고, 지금은 충남 공주 사곡면에 있는 햇빛학교 이사장 일을 하며 수행하고 있습니다.

목차

사진 민종덕

제1장 멈춤

1. 파일명: 서정시

파일명: 서정시.

슈타지로 널리 알려진 동독(독일민주공화국)의 국가보안부가 한 시인의 모든 것을 수집한 3,500쪽짜리 자료집 뭉텅이에 붙인 이름입니다.

시인은 광부의 아들로 태어나 라이프치히 대학에서 문학을 공부하고 강의도 했습니다. 그러나 저항 시인으로 낙인찍혀 핍박받으면서 열쇠 공장 노동자로 생활을 영위해야 했습니다. 결국 시인은 1977년 서독으로 넘어갑니다. 국가사회주의 독재국가에서는 연애시나 서정시 그 자체가 불온한 문학이었습니다.

독일인들이 가장 사랑한다는 시인 라이너 쿤체의 시는 서정시이자 사랑의 시, 선시(禪詩)입니다. 시인은 담담하게 말합니다.

"그들은 심지어 내 온몸에 붕대를 감고 체취까지도 채집해 두었습니다. 내가 어디론가 자유의 세계로 탈출하려 하면, 잘 훈련받은 도베르만 개들이 나를 찾고 물어뜯도록 하기 위해서입니다. 그 결과 나는 지구상에서 가장 세밀하게 잘 만들어진 개인 기록을 가진 시인이 되었습니다."

라이너 쿤체가 동독 작가 동맹에서 제명되기 전의 일입니다. 그의 시가 동베를린의 한 라디오 방송에서 낭송됩니다. 그 시를 들은 체코슬로바키아의 젊은 여의사 엘리자베스 리코네로바는 시인에게 편지를 씁니다.

그 편지는 리코네로바의 집을 출발해서 체코와 동독, 동베를린의 수많은 검열관들을 통과해 3개월 만에 시인에게 도착합니다.

검열을 통과할 수 있으면서 진짜 속마음을 전하기 위해서는 어떤 단어와 문장을 구사해야 하는지 지금 여기 대한민국 사람들은 상상조차 하기 어려울 것입니다. 훗날 라이너 쿤체는 회고합니다. "그 편지는 틀림없이 기적의 손을 빌려 제 손에 쥐어졌을 것이라고 믿습니다."

그렇게 시공간이라는 강을 사이에 두고 두 사람이 주고받은 기적의 편지가 무려 400통에 달합니다. 어떤 편지는 26쪽이나 되었습니다. 서로 얼굴도 모르지만 두 사람은 이미 서로의 내면을 너무나도 잘 알고 이해하고 공명할 수 있는, 국경도 떨어져 있는 거리도 사라진, 마주 보고 있는 두 영혼이었습니다.

두 사람은 전화 통화를 시도합니다. 스마트폰을 비롯해 실시간으로 디지털 영상 대화까지 주고받는 지금과는 완전히 다른, 반세기 전 전화 교환원이 연결해주는 유선전화 시절의 이야기입니다. 두 사회주의 국가 사이의 개인 통화는 거의 불가능에 가까웠음에도 라이너 쿤체는 편지로 전화통화 약속 날짜를 잡습니다.

약속한 그날, 쿤체는 약속대로 전화가 있는 친구의 집에서 전화를 기다립니다. 물론 전화는 동독과 체코의 정보기관에서 숨소리까지 감청하고 있습니다.

전화가 올지 확신할 수 없었지만 시인은 하염없이 기다리고 또 기다립니다. 마침내 새벽 3시 30분에 전화벨이 울립니다. 시인이 전화를 집어 들고는 다짜고짜 묻습니다.

"당신이요? 당신이 바로 그 사람입니까?"

그리고 한 치의 망설임도 없이 곧바로 말합니다.

"나와 결혼해주겠소?"

엘리자베스 리코네로바는 한참을 침묵한 뒤 답합니다.

"그래요. 당신과 결혼하겠어요."

이 이야기는 아마도 수많은 사람들이 꿈꾸는 진정한 사랑의 모습일 것입니다.

그러나 그런 사랑은 라이너 쿤체와 엘리자베스 리코네로바 두 사람의 편지 역사처럼 '온 마음'을 다 기울이는 전심전력의 소통과 이해, 배려가 있어야 가능합니다.

깊은 영혼의 대화를 통해 서로의 내면을 너무나도 잘 아는 두 사람 사이의 사랑은 기적입니다. 사랑은 기적 같은 소우주인 한 사람을 온전히 알고 마주보고 그리고 서로를 위로하고 치유하는 하나의 사건입니다. 그런 '앎'과 '함'을 차곡차곡 쌓아가는 과정으로서의 삶 그 자체입니다.

매 순간 '지금 여기'에서 깨어나 나의 내면과 동시에 또 다른 '나'인 사랑하는 사람의 내면 속으로 깊숙이 들어가 공명하는 조화의 음악입니다.

풀 한 포기, 나무 한 그루에 이르기까지 세상의 내면 깊숙이 들어가 온 마음을 다해 집중하는 생명의 연대입니다.

두 사람은 대부분의 사람들이 경직된 국가사회주의 세계관 속에 갇혀 살고 있을 때, 전혀 다른 낯선 세계관과 삶을 스스로 선택했습니다. 사람과 자연을 이데올로기가 아니라 가장 낮은 곳에서 존재의 근원인 내면의 세계로 들어가 그 속에 꽉 차 있기도 하고 텅 빈 영혼을 보고자 했습니다.

쿤체는 자신의 몸과 마음, 깊숙한 내면에서부터 우러나온 자신의 삶을 알고 사랑했습니다. 그리고 기꺼이 그 어떤 고통도 감내할 수 있는 영혼을 성장시키고 있었습니다. 리코네로바 역시 마찬가지였습니다. 그러했기에 두 사람은 기꺼이 한 척의 배에 함께 탈 수 있었습니다.

라이너 쿤체의 「두 사람이 노를 젓는다」란 시는 독일인들이 결혼식에서 자주 낭송하는 시라고 합니다.

두 사람이 노를 젓는다
한 척의 배를

한 사람은 별을 알고
한 사람은 폭풍을 안다

한 사람은 별을 통과해
배를 안내하고
한 사람은 폭풍을 통과해
배를 안내한다

마침내 끝에 이르렀을 때

기억 속 바다는
언제나 파란색이리라

폭풍과 별, 고통과 기적이 동시에 공존하는 사람의 삶은 '나 홀로 삶'
이 불가능합니다. 혼밥, 혼술, 1인 가구 등 혼자 사는 삶이 급격히 많아
지고 있지만, 사실 이런 생활은 먹거리를 공급해주는 농부를 비롯해서
배달 노동자까지 수많은 '두 사람들'의 손길이 있어야 가능합니다.
사회성 동물인 사람의 삶이란 별을 보고 배를 안내하고, 폭풍을 헤치
고 배를 안내하는 수많은 '두 사람들'이 연대하는 삶입니다. 삶의 고통을
기적으로 전환시키는 지금 여기 이 순간 '더불어 함께 존재'(inter-being)
하고 '더불어 함께 행동'(inter-doing)하는 삶입니다.

우리 몸의 가장 낮은 곳은 발바닥입니다. 지구별 행성의 가장 높은
곳은 울퉁불퉁 높고 낮은 지표면 땅입니다. 가장 낮은 발바닥과 가장 높
은 지표면 땅이 만나 두 발 걷기라는 사건이 일어납니다.
가장 낮은 곳에서 나 자신을 알고, 내 삶을 바꾸고, 그리고 내 삶을 진정
으로 사랑하고 싶다면 내 발바닥으로 내려가야 합니다. 거기서 전심전력을
다해 내 몸과 마음을 보고 알고 모시고 섬기고 사랑해야 합니다.
나를 알고 나를 사랑할 때, 가장 높은 지표면 위 세상 속에서 또 다
른 나를 진정으로 사랑할 수 있습니다. 나와 나의 또 다른 나인 사랑하
는 사람, 그리고 세상이 들어올 수 있는 마음의 텅 빈 공간이 생겨납니
다. 그래야 사랑하는 사람들과 세상을 기꺼이 모시고 섬기면서 나룻배건
돛단배건 함께 배 한 척에 동승할 수 있습니다.

사람은 두 발 걷기 생명체입니다. 동시에 언어를 사용하는 사회성 동물입니다. 걷기를 시작하기에 앞서 쿤체의 시를 혼자서 또는 여럿이서 소리 내어 낭송해보면 느낌이 다릅니다. 이전과는 전혀 다른 새로운 두 발 걷기를 체험할 수 있습니다.

홍길동 전설이 서린 무성산 능선 위에서부터 먼동이 트기 시작합니다. 마곡사 군왕대 위에 있는 평탄한 백범명상길에 원혜 스님과 함께 나란히 섭니다.

스님은 혹여라도 새벽 산책을 하는 스님이나 일반 사람과 마주칠까봐 모자를 쓰고 일반인과 같은 평상복을 입었습니다. 마주친 그 분도 걷기를 하고 있다면 서로 합장을 해야 하고, 걷기 흐름이 끊길 수도 있다는 배려의 복장입니다.

들숨날숨 심호흡을 온몸으로 몇 번 합니다.

맨 밑바닥에서 내 온몸과 마음을 늘 모시고 섬기는 발바닥을 천천히 들어 올립니다. 체코에서 동베를린까지의 그 길고도 험난한 검열의 편지 여행은 지금 여기 없습니다. 대신 지금 여기 내 삶의 지구별 여행을 위해 몸과 마음을 옮겨주는 두 발이 있습니다.

발바닥을 천천히 내려놓습니다. 허공에 떠올랐던 발이 다시 지구별 흙에 밀착합니다. 가장 낮은 발바닥이 지금 여기에서 지구별 행성의 가장 높은 곳과 발맞춤을 합니다.

원혜 스님과 나란히 걷습니다. 묵언으로 걷습니다. 온몸과 마음으로 전심전력을 다해 걷습니다.

지금 여기 이 순간 진정한 내 삶은 걷기입니다.

고통을 기적으로 바꾸는 걷기, 쿤체의 시와 함께 걷습니다. ☀

2. 이 책을 집어 든 그대는 '멈춤'

걷기명상 책자를 감히 써보겠다고 단순, 무식, 용감하게 나선 까닭은 순전히 원혜 스님과의 인연 때문입니다.

2009년 10월쯤으로 기억합니다. 어느 날 원혜 스님으로부터 전화가 왔습니다. 원혜 스님과는 2,000년대 초반 스님이 강남 봉은사 주지 소임을 두 번째 하고 있을 때 한두 번 만나 인사를 드려 알고 있던 사이였습니다. 스님은 이번에 마곡사의 주지 소임을 맡게 되었다고 하면서 조심스럽게 말을 꺼냈습니다. 농사를 중심으로 귀농 생태공동체를 구상해보는 일을 함께 해보지 않겠느냐는 제안이었습니다.

저는 그 당시 격월간지 『녹색평론』의 편집자문위원, 최초의 민간 재생에너지 기업인 '시민발전' 대표로 활동하면서 녹색평론을 비롯한 여러 매체에 햇빛발전과 재생에너지, 협동조합, 지역 생태공동체 관련 글을 왕성하게 쓰고 있었습니다. 스스로 햇빛발전과 재생에너지, 협동조합 전도사를 자처하면서 한 달의 절반 이상을 부르는 곳이 있으면 전국 어디든지 가리지 않고 달려가 워크숍이나 강연을 했습니다.

얼마 후 여러 번 버스를 갈아타면서 생전 처음으로 마곡사를 갔습니다. 원혜 스님이 반갑게 맞아주었습니다.

그날 이후 저는 원혜 스님과 함께 당시 오랫동안 비어있던 마곡사 바로 밑 동네 고등공민학교 폐교를 임대해 지역 생태공동체를 재생해보고자 하는 일부터 시작했습니다. 그리고 공주지역 주민으로서 이러저러한 지역 활동을 하게 되었습니다. 제가 공주시 주민이 되어 공주에 와서 살리라고는 이전에 상상조차 하지 못했습니다.

원혜 스님은 제게 불교 공부를 해보라거나 호흡명상을 해보라거나 한 적이 없습니다. 저 또한 붓다라고 하면 중·고등학교 윤리 시간에 배운 붓다의 사성제와 연기법 정도 1쪽짜리 지식이 전부였습니다.

원혜 스님의 대화와 행동은 당시의 저로서는 무척 답답하고 결단성 없고 좌고우면 정도를 넘어 돌다리를 두들기고 나서도 돌다리를 건너가 라고 권유하지 않는 지나친 우유부단함 그 자체였습니다. 어떤 활동이나 결정이든지 스스로 알아서 판단하고 알아서 하라는 자유방임의 권고일 뿐이었습니다. 적어도 저는 그렇게 생각했습니다.

지금에 와서야 비로소 그것이 때가 무르익기를 기다려 상대방의 마음 상태에 걸맞게 조언과 가르침을 행하는 연민의 관찰과 자비행이었음을 압니다.

저는 수십 년 동안 매일 새벽 산책을 해왔습니다. 공주로 내려온 뒤 마곡사 인근에 거처를 정하고 나서는 새벽마다 군왕대를 거쳐 1시간 정 도 백범명상길을 걸었습니다. 비가 오거나 눈이 오거나 강연을 가거나 여 행을 가거나 해외에 가서도 현지에서 하루도 빠지지 않고 걸었습니다.

그런데 어느 날 군왕대를 걷다가 갑자기 죽음의 공포가 한꺼번에 물 밀 듯이 밀려오는 공포의 순간을 맞닥뜨리게 되었습니다. 온몸에 소름이 돋았습니다. 어떤 연유인지도 모릅니다. 그냥 순식간이었습니다. 아, 지금 여기서 1초 후에 죽을 수도 있는데, 그럼 '나'는 어떻게 되는 거지 하는 생각이었습니다. 정말 생각만으로도 전율이 일고 숨이 막혀 질식해 죽을 것 같았습니다.

깜깜한 밤중에 묘지를 걸었던 적도 숱하게 많았지만 죽음이라거나 공포라거나 하는 느낌과 생각이 일어난 적은 없었습니다. 죽음을 각오하고 행동에 나선 일도 있었습니다. 그때도 죽음의 공포같은 것은 없었습니다.

그 자리에 멈춰 서서 깊은 심호흡을 여러 번 했습니다. 화가 나거나 두려운 마음이 들면 그런 심호흡이 도움이 된다는 상식 차원의 대응이었습니다. 시간이 좀 지나자 소름이 돋은 공포는 좀 가라앉았지만 여전히 죽음은 내 앞에 생생하게 모습을 드러내고 있었습니다.

집으로 돌아와 즉시 저의 형편으로는 거금(!?)을 들여 거의 3천 쪽에 달하는 전재성 번역의 붓다 경전 빠알리(pali) 쌍윳따니까야(samyutta nikaya) 통합개정판을 주문했습니다. 빠알리어는 불교 경전에 사용된 언어이고, 쌍윳따는 '주제별로 함께 묶인', 니까야는 '모음'이란 뜻입니다. 붓다 가르침을 주제별로 모아 엮은 모음집입니다. 한역 경전은 잡아함경(雜阿含經)이라고 합니다.

이어서 붓다의 다른 경전과 다른 사람이 번역한 동일한 경전까지 비교해서 읽기도 하고, 붓다 관련 책자와 논문을 열심히 찾아서 보게 되었습니다.

경전에 나온 붓다의 초전법륜, 연기법과 사성제, 오온(五蘊)에 대한 법문을 읽으면서 저는 곧바로 죽음의 공포에서 벗어날 수 있었습니다. '죽음 없음'의 이치를 깨닫고 체험할 수 있었습니다. 놀라운 체험이었습니다.

자아란 개념일 뿐이라는 이치도 확신할 수 있었습니다. 적어도 머리로는 그렇게 충분히 이해했고, 체득했다고 생각했습니다.

위빠싸나 단기 체험 프로그램에도 참여해보고, 가능하면 매일 아침 좌선을 하고자 노력했습니다. 그럼에도 습관의 힘은 강했습니다. 늘 책을 읽고, 무슨 일이든지 먼저 관련 책자부터 찾아보는 버릇이 축적해 놓은 번잡한 지식과 정보도 문제지만, '내'가 뭘 이뤄야 한다는 자만심의 생각이 많아서인지 호흡명상에 그리 큰 진전이 없었습니다.

생각을 멈추고, '자아 없음'을 체험하는 호흡명상의 초보 단계에도 이르지 못했습니다. 호흡명상을 지식과 정보라는 '생각'으로 이해하고 있었을 따름입니다.

어느 날 원혜 스님이 물었습니다. "그렇게 경전을 읽고 호흡명상 해서 뭐 할려고 그래요? 깨달아서 뭐 할려고 하는 거요?"

말문이 턱 막혔습니다. 책에서 보고 이해했던 간화선(看話禪), 조사선(祖師禪)의 질문이었습니다. 그 질문의 뜻을 너무나도 잘 알고, 이해하고, 답도 알고 있다고 생각했는데, 막상 질문을 받으니 답을 할 수가 없었습니다.

이 책은 그때 꽉 막혀 혀에 맴돌지도 않던 답변이 그동안의 걷기명상을 통해 말문이 조금 트여 뒤늦게 글로 답하는 일종의 지체된 답입니다.

스님의 질문 이후 새벽 산책을 새벽의 걷기명상으로 바꾸었습니다. 제게는 혁명과도 같은 변화의 체험이었습니다.

무엇보다도 노년에 이르러 뒤늦게 붓다의 가르침을 듣게 된 것은 인연이고 기적 같은 일이었습니다. 늘 앞만 보고 달려나가던 '경주마의 삶'을 멈추고, 말에서 내릴 수 있었던 것은 일생의 행운이었습니다. 옆과 뒤를 보고, 시선을 나로 돌려 내 몸과 마음부터 낱낱이 살펴보고, 다른 사람을 찬찬히 바라보고, 내가 하는 일과 일상생활에 대해 근본의 재검토를 하고 성찰하는 전환점이었습니다.

　걷기명상을 하면서 그동안 좌선한답시고 앉아서 전심전력을 기울여 제대로 하지도 못하고 얼마나 두서없고 산만한 호흡명상을 하고 있었는지도 알 수 있었습니다. 그동안 사람을 대할 때 그 사람을 온 마음을 다해 또 다른 나로 대하지 않고, 어떤 일과 사업의 대상과 수단으로 대했는지도 뼈저리게 반성하게 되었습니다.

　제 거처와 마곡사 안쪽 생골에 있는 원혜 스님의 화림산방은 산책으로 이삼십 분 남짓 거리입니다. 걷기명상을 하면서는 그 두 배인 한 시간 이상이 걸립니다.

　걷기명상을 하는 스님과 마주치기도 하고, 함께 걷기명상과 텃밭명상을 하기도 했습니다. 여럿이 모여 김장김치를 담그는 김장명상도 함께 했습니다.

　무엇보다도 붓다와 스님, 재가자들의 수행 관련 대화를 많이 나누었고 지금도 나눕니다.

　이 글은 그런 인연을 담아 적은 기록입니다. 원혜 스님의 법문 아닌 법문이 곳곳에 배어 있습니다. 원혜 스님의 질문과 대화에 의지해 그 결과로 드러나는 일종의 대화 없는 대화록 모음입니다.

이런 인연의 책을 집어 든 지금 여기 이 순간, 당신 또한 이미 멈춤과 죽음 없음을 경험할 수 있는 인연을 집어 들었습니다.

'생각 없이 산다'는 것이 얼마나 큰 기쁨이고 축복인지 깨달을 수 있는 길로 한 발자국 걸어 들어 왔습니다. 붓다의 길, 예수의 길로 들어왔습니다.

걷기 책을 집어 든 당신의 몸과 마음, 이미 기적입니다. ☀

3. 군왕의 힘은 멈춤에서 나옵니다

충남 공주의 마곡사에는 '군왕대'라는 곳이 있습니다. 임금의 기운이 서려 있는 명당이라고 하여 '임금의 터'라는 뜻의 군왕대(君王垈)라고 이름 지었다 합니다. 마곡사에서 세워놓은 표지판을 보면 조선 초기 세조가 이곳에 올라 내가 비록 한 나라의 왕이지만 이곳의 기운과는 비교할 수도 없다고 탄복했다는 이야기가 적혀 있습니다.

수많은 사람들이 군왕대에 올라 왕의 기운을 느끼고 받아가려 합니다. 선거가 있는 해에는 군왕대와 군왕대 바로 밑에 있는 영산전(靈山殿)에 와서 기도를 드리고 가는 입후보자들의 발걸음이 줄을 잇는다는 소문도 들립니다.

조선시대에 군왕대를 임금보다 더 강한 땅의 기운이 있다고 사람들이 느낀 데는 까닭이 있습니다. 근대 이전 우리의 조상들은 산과 개울, 강 그리고 지하수를 살아있는 생명체라고 보았습니다. 산과 지하수에도 사람처럼 혈관이 흐르고 맥박이 뛰고 있다고 생각했습니다. 그래서 산맥, 지맥, 수맥이라는 말을 사용했습니다.

거의 모든 사람들이 풍수사상을 자신의 세계관으로 받아들이고 있을 때입니다. 산과 물뿐만 아니라 삼라만상 모두에 생명이 있었습니다. 동양에서는 해와 달의 음양과 화수목금토, 즉 불-물-나무-쇠-흙 등 오행의 다섯 가지 기운이, 인도에서는 지(땅)-수(물)-화(불)-풍(바람) 등 네 가지 요소가 사람 몸을 포함한 세상의 만물을 낳고 변화시킨다고 여겼습니다.

제임스 러브록이 지구별을 하나의 생명체로 본 가이아 이론의 원조는 동양의 풍수사상이나 인도의 4대 요소설입니다.

군왕대 능선을 타고 위로 올라가면 나발봉이라는 봉우리가 나옵니다. 여기서 임금이 말에 올라타 우렁차게 '돌격 앞으로!' 진격 명령을 내립니다. 나발수가 힘차게 진군 나발을 붑니다.

오른쪽으로는 생골천을 건너 우군(右軍)이 진격합니다. 왼쪽으로는 마곡천을 사이에 두고 좌군(左軍)이 진격합니다. 신기하게도 생골천과 마곡천을 끼고 좌우로 산의 지맥이 그렇게 돌격하는 군대처럼 구불구불 이어져 내려옵니다.

왕은 중군(中軍)을 이끌고 범이 먹이를 잡기 위해 온 힘을 다해 엄청난 기세로 속도를 높여 달려나가듯 오직 앞만 보고 마구 말을 짓쳐 내려갑니다.

생골천과 마곡천은 군왕대 바로 밑 영산전 앞에서 합쳐집니다. 두물머리입니다.

폭풍처럼 달려 내려오던 말이 히히힝 하면서 갑자기 앞발을 들고 멈춰 설 수밖에 없습니다. 앞으로 더 나아가면 물에 빠져 죽습니다. 요새 용어로는 끼이익 급브레이크를 밟을 수밖에 없습니다.

그러니 그 멈춤의 기세가 얼마나 세겠습니까.

군왕대의 기운은 다름 아닌 한순간 멈춤의 기세인 것입니다.

권력은 멈춰야만 힘이 생깁니다. 탐욕과 분노와 어리석음에서 비롯된 국민들의 그 수많은 갈등과 다툼을 조정하고 관리할 수 있는 힘은 권력자가 권력이라는 말에서 내려와 자신의 욕망과 성냄과 어리석음부터 먼저 멈추는 데서 나올 수 있습니다.

물론 21세기를 살고 있는 우리는 대부분 군왕대에서 그 엄청난 멈춤의 기세를 느끼지 못합니다. 풍수지리 세계관 대신 현대 과학의 세계관이 우리의 세계관이기 때문입니다.

다만 한순간 멈춤이 우리의 삶을 얼마나 완전히 뒤바꿀 수 있는지, 그 힘을 실감하고 이해할 수 있는 계기는 될 수 있을 것입니다. 그것만으로도 군왕대에 오른 발품 값은 충분합니다.

걷기명상은 멈춤에서 시작합니다.

내 삶의 주인은 다른 사람이 아니라 바로 나 자신입니다. 우리는 모두 각자 자기 삶의 권력자, 군왕입니다.

그런데 과연 나는 권력자로서 내 삶의 주인으로 살고 있을까요?

우리는 대부분 앞만 보고 달리는 삶을 살고 있습니다. 오직 돈을 더 벌기 위해, 성공하기 위해, 내일의 행복한 삶을 위해, 일류학교에 가기 위해, 좋은 직장에 취직하기 위해 오늘을 희생 제물로 삼아 고통을 참고 견디며 질주해 가고 있는 중입니다.

지금 여기 오늘 이 순간을 마음껏 누리는 생생하고도 희열에 찬 기적의 삶은 생각조차 해보지 못했거나 애시당초부터 포기해 버렸습니다. 각자 자신이 정한 인생의 목표라는 말에 올라탄 채 말입니다.

내 삶의 권력자는 내가 아닙니다. 돈과 성공과 명예라는 목표가, 미래와 과거가 권력자입니다.

좋은 직장에 취직했다고 해도 말에서 내릴 여유는 없습니다. 더 많은 연봉과 승진을 둘러싼 무한 경쟁이 기다리고 있습니다. 목표를 달성한 그날이 오늘이 되면 또다시 새로운 내일의 목표가 눈앞에 다시 등장합니다.

은퇴를 하고 제법 많은 돈을 모아 놓았다고 해도 안심할 수 없습니다. 미래는 불안하기만 합니다. 안전한 노후 보장을 위해서는 더 많은 돈이 필요합니다. 여전히 말에서 내릴 여유가 조금치도 없습니다.

그래서 수많은 사람들이 주식투자를 하고 부동산에 투자하고 이른바 재테크를 합니다. 그리고 대부분 어느 순간 남은 재산조차 날리고 빈털터리가 되고 마는 경우가 허다합니다. 오늘날 우리의 경제 체제 자체가 대다수 사람들을 빈털터리로 만드는 체제입니다.

말에 탄 채 질주하는 삶의 끝은 너무나 분명합니다. 죽음과 무덤입니다. 어느 누구도 피할 수 없습니다.

그럼에도 사람들은 대부분 그 사실을 먼 미래의 일이라고 애써 외면합니다. 그리고 어느 날 느닷없이 죽음이 바로 내 방문을 열고 걸어 들어와 내 손을 붙잡으면 그제서야 정신이 번쩍 듭니다.

그러나 이미 늦었습니다. 죽음을 준비하지 못한 상태에서 황망함에 휩싸인 채 분노와 슬픔, 후회와 회한을 품고 결국 죽음의 나락으로 억지로 끌려 들어갈 수밖에 없습니다.

이런 무명(avijja, 본디 모름, 無明)과 무지의 악순환을 끊기 위해서는 지금 당장 주저 없이 눈을 감고 시선을 나의 내면으로 돌리는 과감한 결단이 필요합니다. 삶의 대전환이 필요합니다.

진정한 내 삶을 되찾고 내 존재의 실체와 의미를 다시 묻기 위해서는 머뭇대지 말고 지금, 이 순간 여기에서 멈추고 말에서 내려야 합니다. 미래에 대한 불안과 두려움, 과거에 대한 후회와 분노, 성공에 대한 욕망과 집착을 내려놓아야 합니다. 내일과 어제의 식민지 노예로 살지 말고 오늘 지금 여기 생생한 기적의 순간, 눈부시고도 온전한 현존의 삶을 알아차려야 합니다.

헛된 욕망과 성냄과 어리석은 생각의 폭주를 멈추는 것, 이것이 진정한 내 삶을 되찾는 걷기명상의 첫걸음입니다. ☀

4. 생각 멈추기

멈춤을 내일로 미룰 하등의 까닭이 없습니다. 어려운 일도 결코 아닙니다. 아주 쉽고 간단합니다.

우리는 매일 걷습니다. 아침에 일어나자마자 집에서도 걷고 출퇴근하면서도 걷고 직장에서도 걷고 잠들 때까지 하루 종일 걷습니다. 자동차가 등장하면서 걷는 게 줄어들긴 했습니다. 그래도 여전히 중요한 이동수단은 걷기입니다. 하다못해 자동차가 있는 곳까지만이라도 걸어가야 합니다.

대한민국은 지금 걷기 열풍에 휩싸여 있습니다. 주말이면 수많은 사람들이 걷기 위해 차를 타고 전국의 둘레길을 찾아가 걷습니다. 심지어는 비행기 타고 해외로까지 나가 스페인의 '엘 까미노(El Camino, 길)'같은 순례길도 걷습니다. 걷기 관련 책만 수십 권 이상입니다. 우리는 지금 직립보행을 새롭게 다시 자각하고 실천하고 있는 중입니다.

대부분의 경우 우리는 목표 지점을 정해놓고 걷습니다. 오늘의 걷기 목표는 지리산 둘레길 어느 구간 몇 km, 백두대간 종주의 어느 산에서 어느 봉우리까지 몇 km 이런 식입니다.

도시의 길거리에는 약속 장소나 직장과 학교, 버스 정거장, 지하철역 등에 가기 위해 시간에 쫓기면서 바쁘게 걸어가는 사람들로 북적입니다. 약속 시간에 늦었는지 뛰어가는 사람도 있습니다. 산업사회 현대인의 걷기는 목표 지점이 분명합니다.

어쩌다 정처 없이 걷는 사람도 있습니다. 그러나 그런 걷기 또한 정처 없음이 목적인 걷기입니다.

걷기명상은 다만 걷는 방법을 바꿀 뿐입니다.

걷기명상은 걷기를 목적지까지 데려다주는 이동 수단이 아니라 걷기 자체를 즐기고, 걷기 자체를 알아차림 하는 목적 없는 걷기입니다. 매 순간 '생각'이라는 말에서 내려 멈추고, 지금 여기 이 순간의 고요하고도 깊은 삶을 누리는 기쁨의 걷기입니다. 지금 여기 이 순간 발바닥의 느낌과 들숨날숨 호흡을 알고 살피고 알아차림으로써 내 삶을 기적으로 바꾸는 생생한 현존의 걷기입니다.

우리는 하루 온종일 생각하며 삽니다. 사람은 생각하는 사회성 동물입니다. 생각은 몽상, 망상, 허상, 착각, 기억, 고집, 분노, 두려움, 불안 등등 종류도 다양합니다.

걷기명상은 이런 생각을 멀리 쫓아내 버리고 생각에서 벗어나는 걷기입니다.

명상(瞑想)의 '명'은 눈을 감다, 어둡다는 뜻입니다. 말뜻 그대로 생각이란 말의 고삐를 잡아채 멈추게 하고, 말에서 내려 말을 저 어두운 저승, 명부로 보내버리는 것입니다. 그리고 마음을 고요하게 가라앉히면서 오직 발바닥 느낌과 들숨날숨 호흡만을 알아차림 하고 주의집중 하는 것입니다. 그러면 놀랍게도 생각이 없는 텅 빈 고요의 세계, 생각 이전의 생각 없는 내 마음의 원시 세계가 눈을 뜨는 경험을 할 수 있습니다.

걷기명상은 약속 장소는 수단이고 약속 장소까지 천천히 그리고 느리게 걷기 자체를 즐기고 누립니다. 마음을 지금 여기 이 순간의 걷기에만 온전히 기울입니다. 오늘 등산은 나발봉으로 해서 마곡사 백범명상길을 걸어야지 하는 '정복 산행', 사회관계망 서비스(SNS)에 올리기 위한 '걷기 쇼핑'이 아닙니다. 백범명상길을 걷는 발바닥의 느낌과 들숨날숨 호흡의 알아차림만 있을 뿐입니다.

걷기명상은 시간에 쫓기지 않습니다. 시간을 내 발바닥 아래 두고 관리 통제하고 지배합니다. 평소 지하철역에서 내려 직장 건물까지 10분을 걸어갔다면, 10분 더 일찍 집에서 출발합니다. 그리고 사람들의 이목을 끌지 않을 정도로만 천천히 여유롭게 아스팔트 길에 닿는 발바닥의 느낌과 호흡을 살피고 알아차리고, 온 마음을 다해 발바닥 느낌과 들숨날숨에만 주의를 기울입니다.

그러면 하루의 출발이 백팔십도 달라지는 것을 체험하게 됩니다. 무언가 삶이 바뀌고 있음을 알아차리게 됩니다. 오직 '지금 여기' 이 순간만이 살아있는 생생한 삶이란 사실을 깨닫게 됩니다.

걷는 방법을 바꾸는 것도 매우 간명합니다.

지금까지 자신이 알아차리지 못한 무의식 또는 의식의 흐름에 몸과 마음을 맡긴 채 걷던 습관을 중단하면 됩니다.

우리의 생각은 한시도 쉬지 않고 종잡을 수 없이 여기서 불쑥 저기서 불쑥 연속해서 끊임없이 튀어나옵니다. 과거로 갔다 미래로 갔다 고삐 풀린 망아지처럼 제멋대로입니다.

명상이란 단어에서 함께 절에 간 적이 있던 헤어진 연인과의 지난날이 생각나고, 이어서 연상작용으로 지금 사귀고 있는 애인과의 첫 만남 장면이 떠오르고, 그 애인과 함께 갔던 맛집의 왁자지껄 소란스러움이 들려오고, 그 맛집이 나왔던 엊저녁의 드라마 장면이 기억나고 '명상'에서 '드라마'까지 연상에서 연상으로 끝이 없습니다. 생각의 속성이 그렇습니다.

20세기 프랑스 소설가 마르셀 프루스트의 『잃어버린 시간을 찾아서』는 이런 생각의 흐름을 그대로 글로 표현한 대하소설입니다. 벌써 1세기도 전인 1913년에서 1927년까지 무려 14년 동안 7권으로 출판되었습니다. 모두 4천 쪽이 넘습니다.

책을 사거나 도서관에 가서 몇 장이라도 읽어보면 도움이 됩니다. 우리나라와 문화도 다르고 역사도 다른 프랑스 사람의 경험과 생각의 흐름이지만, 그 점을 감안하고 보더라도 다름 아닌 내 생각의 흐름을 명증하게 거울처럼 성찰해 볼 수 있습니다.

생각을 멈추는 방법 또한 의외로 단순합니다. 내가 이런 생각을 하고 있다는 사실을 알아차리기만 하면 됩니다. 알아차린 그 생각을 단지 바라보기만 하면 됩니다.

분노건 후회건 불안이건 애써 내팽개치려 하지 않습니다. 그 또한 '나'를 구성하는 내 생각입니다. 울고 있는 아기를 포대기에 쌓아 어머니 애기집에 있을 때의 자세로 가슴에 비스듬히 안고 따뜻한 마음으로 아기 눈을 바라보듯 그렇게 바라봅니다. 그리고 다시 발바닥의 느낌과 들숨날숨으로 돌아와 알아차림 하고 주의를 기울입니다. 그러면 놀랍게도 불쑥 솟아올랐던 생각은 흔적도 없이 사라져 버립니다. 생각은 늘 갓 태어난 내 마음의 갓난아기입니다.

억지로 생각을 지우려고 노력하지 않습니다. 아니 생각을 지우려고 하거나 생각에서 탈출하려고 노력하면 할수록 그 생각은 더 끈질긴 생명력으로 강력 접착제처럼 들러붙어 내게서 떠나지 않습니다. 그만큼 '나'라는 자의식(selfness)이 형성되기 시작한 이후 나의 에고(ego)는 강력하고도 집요하고 끈질기게 내 마음을 온통 군왕처럼 지배하고 있습니다.

오늘날 뇌과학은 자의식, 에고는 지금까지 수십 년 동안 켜켜이 쌓이고 쌓인 생각이라는 우리 뇌의 뉴런 네트워크 다발, 더미, 덩어리라고 말합니다. 타자와 구별되는 존재로서 내가 경험한 사건이나 사물을 언어로 구성된 하나의 그럴듯한 '나'의 이야기로 재구성(storytelling)해서 뇌의 뉴런 연결망으로 저장해 둔 것이 생각의 실체이자 '나'의 실상입니다.
슈타지가 자신들이 수집해서 모아 쌓아놓은 라이너 쿤체의 실체를 '서정시'라고 이름 붙였듯, 마음이 눈-귀-코-혀-피부-뇌가 만든 이야기를 켜켜이 모아 쌓아놓은 거대한 대용량 언어 뭉텅이 파일 이름이 '나'입니다.

다섯 살의 내 몸과 예순 살의 내 몸은 명확히 다릅니다. 그런데도 자의식은 동일한 '나'라는 존재의 몸이라고 생각합니다. 이런 자의식의 속성 가운데 하나가 기억이건 미래의 계획이건 언어의 서사(story)인 뉴런 연결망의 생각은 한 번에 하나씩만 활성화된다는 것입니다. 사람 뇌의 뉴런 구조가 그렇게 진화해 왔습니다.

그래서 숨을 들이마시고 내쉬는 모든 순간순간에 마음을 발바닥 느낌과 호흡에 주의를 기울이기만 하면 생각은 마음의 수면 아래로 쥐죽은 듯이 가라앉아 버립니다.

우리의 느낌은 하늘의 구름을 보면서 동시에 새 소리를 듣고, 동시에 숲의 냄새를 맡고, 동시에 바람의 촉감을 손과 얼굴의 피부로 느낍니다. 여러 가지 느낌이 동시다발로 감각기관을 통해 느껴집니다.

그러나 생각은 동시에 떠오르지 않습니다. 꼬리에 꼬리를 문 연상만이 있을 뿐입니다.

우리의 몸은 분명히 '지금 여기 이 순간'을 한 발 한 발 걷고 있습니다. 그러나 우리의 마음은 걷고 있지 않습니다.

마음은 끊임없이 이어지는 오만가지 생각으로 정신없이 바쁩니다. 만나기로 약속한 사람에게 어떤 말부터 꺼낼까... 그 사람이 나한테 그렇게 막 대할 수는 없는 건데... 내일까지 제출하기로 한 과제를 며칠 미룰까 말까... 어제 그 사람에게 그 말을 하지 말았어야 했는데... 어제 있었던 불쾌한 일과 즐거운 일, 후회와 분노, 내일 일어날 불쾌한 일과 즐거운 일, 불안과 두려움, 걱정이 끊임없이 널뛰듯 오락가락합니다.

내가 지금 걷고 있다는 사실은 잊은 지 오래입니다. 그러다 아차 버스 정거장을 지나쳤구나 하고 뒤돌아서서 다시 버스 정거장 쪽으로 황급히 걸어갑니다. 이런 경험은 누구에게나 다 있을 것입니다. 우리는 매일 그렇게 걸으면서도 걷고 있지 않습니다.

이런 몸과 마음의 불일치는 질병이자 고통입니다. 사실 스마트폰이 대중화된 이후 정도의 차이는 있지만 현대인들은 대부분 주의력 결핍 장애 질환(ADHD) 환자들입니다.

우리는 지금 여기 이 순간을 살면서도 살고 있지 않습니다. 어제 일이 들어와 '나'를 살고, 내일의 과제가 들어와 '나'를 살고, 그 사람이 살고, 성냄이 살고 후회가 살고, 수없이 많은 생각이 지금 여기 이 순간의 내 삶을 삽니다. 나의 진정한 삶은 생각에 쫓겨나고, 우리는 매 순간 내 삶을 놓치고 잃어버리고 있습니다.

나만이 그런 게 아닙니다. 길거리를 걷는 대부분의 사람들은 오늘 여기 지금 이 순간 자신의 몸과 마음으로 걷는 게 아닙니다. 과거가 걸어가고, 미래가 걸어가고, 불만족이 걸어가고, 분노가 걸어가고, 후회가 걸어가고, 불안이 걸어가고, 욕망이 걸어가고 있습니다.

우리는 까마득하게 잃어버리고 있는 오늘 지금 여기의 생생한 내 삶을 되찾아야 합니다. 마음을 굳게 먹고 진정한 내 삶을 탈환해 와야 합니다.

걷기명상은 생각을 멈추게 하고, 바로 이 같은 온전한 현존의 내 삶을 살게 하는 기적을 체험하게 합니다. 기적 그 자체인 내 몸과 마음, 내 삶을 온전히 누리게 해줍니다.

걷기명상은 내 삶의 복원이자 진정한 내 삶을 향유하는 기쁨이고 희열입니다.

나는 지금 여기 이 순간을 걷습니다. 다른 아무것도 필요 없습니다. 산더미처럼 짓누르는 과제도, 밀린 일도, 업무상 만남도, 어쩔 수 없는 모임도 모두 후순위입니다. 오직 지금 여기 이 순간의 현존만이 최우선입니다.

소나무 숲길에 섭니다. 천천히 왼발을 들어올려 앞으로 내딛습니다. 왼발의 발바닥 느낌과 오른발의 발바닥 느낌이 전혀 새롭습니다. 전율이 느껴집니다. 그 느낌을 알아차림 합니다.

나는 걷습니다. 오직 여기 이 순간 나는 생생하게 살아 있습니다. 내 삶은 '지금 여기'입니다. ☀

5. 스타치오(statio)

천주교 수도원에는 스타치오(statio)라고 부르는 장소가 있습니다. 멈춘다는 라틴어에서 유래한 말로 정거장, 역(station)의 어원이기도 합니다. 그리스도 앞으로 나아가기 전에 잠시 멈춰 서서 호흡을 가다듬고 자신의 내면을 바라보면서 성찰하는 곳입니다.

붓다는 삶의 진리를 깨닫기 위한 핵심 수행 방식 가운데 하나로 '멈춤'과 '바라봄'을 설파했습니다. 멈춤은 빠알리어 사마타(samatha)의 번역어로 한문으로는 멈출 지(止)를 씁니다. 바라봄은 위빠싸나(vipassana)를 옮긴 말이고, 한문으로는 바라볼 관(觀)을 씁니다. 두 용어를 합해서 지관 수행이라고 합니다. 말 그대로 멈추고 고요한 상태에서 자신의 내면, 마음을 알아차리고 바라보고 마음을 하나로 모아 집중해서 통찰한다는 뜻입니다.

멈춤은 힘입니다.
멈춤은 아무것도 하지 않는 단순한 중단을 의미하지 않습니다. 멈춤은 알아차림이자 주시이고, 통찰이자 지혜의 축적입니다. 생사의 고통에서 벗어나기 위한 용맹정진의 시작입니다.
멈춤은 새로운 삶과 새로운 깨달음을 실천하는 여덟 가지 바른길, 팔정도의 문입니다. 새로운 기운을 모으는 행위이자 새로운 서원(誓願, panidhi)의 삶을 실천하기 위한 마음가짐입니다.
그런 새로운 힘과 기운이 없으면 삶의 고통과 세상의 파국을 극복하는 탈출구나 비상구를 찾을 수 없을 것입니다.

걷기명상의 한걸음 한걸음은 현존하는 내 삶의 정거장입니다. 새로운 삶을 향해 나아가는 지구별 여행의 시작이자 출발역입니다. 동시에 종착역입니다. 걸음걸음이 모두 출발역이자 종착역입니다.

모든 시작은 또한 시작 이전과의 완전한 결별이기도 합니다. 습관화된 무의식 또는 의식의 흐름과의 단호한 결별입니다. 지금까지 나라고 여긴 이야기로서의 무수한 기억 덩어리, 엄청나게 축적되어 있는 뉴런 연결망과의 확실한 이별입니다. 멈춤이라는 새로운 걷기명상의 시작은 습관화된 내 생각, 기존의 굳어진 내 삶의 방식에서 완전히 벗어나는 탈출이자 해방입니다.

그래야만 지금 여기 이 순간 생생한 삶의 현존이 비로소 모습을 드러내 나타날 수 있습니다. 붓다는 이런 결별을 '멀리 떠남'(遠離)이라고 설명했습니다.

호흡명상은 내 삶의 새로운 탄생입니다.

우리는 오직 지금 여기 이 순간의 삶만을 살 수 있습니다. 삶이 존재하는 유일한 순간은 '지금 여기'입니다.

과거는 지금 여기 없습니다. 미래도 지금 여기에는 없습니다. 미래가 어떻게 될지는 아무도 모릅니다. 내일, 아니 1분 후에 어떤 일이 터질지 예측 불허입니다. 내일의 삶도 어제의 삶도 오직 지금 여기 현존의 삶에만 살아있을 수 있습니다.

유일무이한 지금 여기 이 순간 현존의 삶을 내팽개치고, 과거와 미래에 포로로 잡힌 삶을 산다는 것은 참으로 어리석은 일이 아닐 수 없습니다.

끝도 없이 이어지는 생각의 여행을 지금 당장 멈춰야 합니다. 과거와 미래로부터 탈출해 지금 여기로 돌아와야 합니다. 대자유인으로서 진정한 내 삶을 살고 싶다면 결단해야 합니다.

3.1운동이 일어나고 다음 해인 1920년 10월 21일 만주의 청산리 계곡에서 김좌진, 홍범도 장군이 이끄는 독립군은 일본군을 무찌르고 대승을 거둡니다. 독립군이 승리할 수 있었던 비결은 간단했습니다. 일본군의 공격 전술을 훤히 꿰고 청산리 계곡의 높은 고지를 먼저 점령해 유리한 지형을 활용, 밑에서 공격해오는 일본군을 상대했기 때문입니다.

걷기명상 또한 청산리 대첩처럼 생각의 속성을 훤히 꿴 상태에서 '멈춤'이란 고지를 먼저 점령합니다. 그렇게 함으로써 생각의 공격을 물리칠 수 있습니다. 그렇게 함으로써 생각의 포로수용소에 갇힌 '지금 여기'의 내 삶을 해방시킬 수 있습니다.

걷기명상은 멈추고 해방시키는 내 삶의 독립운동입니다. 대자유인으로 나아가는 탈옥입니다. 지금 여기로, 삶의 애초 출발역으로 되돌아오는 귀향입니다. 현존의 생생한 삶으로 떠올라 삶을 누리는 잔치와 향연입니다.

포로수용소를 바라보면서 나는 떠났다고 확인하는 알아차림이야말로 그 어떤 언어로도 표현할 수 없는 기쁨입니다. 우주선을 타고 지구별을 떠났던 우주 비행사들이 지구별로 돌아오듯 다시 지금 여기 이 순간의 내 삶으로 살아 돌아오는 귀환은 수십조 원을 준다 해도 바꿀 수 없는 안도감의 희열입니다.

지금 당장 걷기명상을 시작하는 것, 이것이야말로 내 삶에 가장 큰 이익과 기쁨을 주는 일생일대의 선택입니다.

일체의 생각을 버리고 멀리 떠나는 지구별 여행은 기적의 삶 그 자체입니다. ☀

6. 걷기명상가 자격증

걷기와 산책을 걷기명상으로 바꾸는 방법 또한 너무나 간단합니다. 디지털 미디어로 검색하면 나오는 수많은 걷기명상 관련 동영상이나 설명을 참조해도 좋습니다. 그러나 참조하고 말 것도 없이 사실 누구나 그냥 손쉽게 할 수 있습니다. 단호하고도 확실한 마음의 결단만 있으면 됩니다. 걷기명상을 시작하기만 하면 됩니다.

맨 처음의 걷기명상은 방 안에서 연습해보면 좋습니다. 독방 감옥 안에서도 가능합니다.

방바닥에 편안히 앉아 발바닥을 반대편 발 무릎 위에 올려놓고 천천히 살펴봅니다. 지금까지 살아오면서 한 번도 주의깊게 살펴보고 돌보지 않은 발바닥입니다. 발바닥에도 지문처럼 족문이 있음을 알 수 있습니다.

그동안 나를 세상에 세워주느라 내 몸무게를 지탱해 준 발바닥에 고맙다는 말을 합니다. 속으로 하지 말고 소리 내어 해봅니다. 느낌이 전혀 다릅니다. 이어서 발바닥과 발목, 발가락 근육을 안마로 풀어줍니다.

이제 일어섭니다. 머리부터 얼굴, 목, 어깨, 허리 발 등의 근육을 이완시켜 줍니다. 대체로 우리는 평소에도 얼굴과 어깨 근육이 긴장되어 있습니다. 이마 주름살이 생기는 것은 오랜 세월 눈을 치뜨면서 안면근육을 경직시켰기 때문입니다.

근육을 편안하게 푼 다음 천천히 깊은 들숨날숨을 쉬면서 발바닥의 느낌을 알아차립니다. 발바닥에 실리는 몸무게와 무거움, 차가움, 따뜻함, 딱딱함 등을 알아차림 합니다.

물론 호흡은 코로 해야 합니다. 감기에 걸려 코가 막히거나 하는 부득이한 경우 입을 벌리고 호흡을 할 수도 있지만 사람의 들숨날숨은 코로 하는 게 정상입니다. 코가 숨을 쉴 수 없는 예외의 경우를 대비한 비상 탈출구가 입 호흡입니다. 입 호흡을 오래 하면 온몸에 부작용이 나타나고 오만가지 질병을 일으키게 됩니다.

깊은 심호흡을 몇 차례 합니다. 허파에 남아 있던 공기를 완전히 비우는 것은 온몸의 노폐물을 완전히 비우는 일이기도 합니다. 숙변을 내보내기 위해 단식하는 것과 같은 이치입니다.

들숨을 쉴 때 최대한 신속하게 횡격막을 아래로 내려 배를 부풀어 올리고 허파 가득 숨을 채웁니다. 이어서 아주 천천히 날숨을 내쉬면서 먼저 허파를 비우고 배를 등가죽에 달 정도까지 비웁니다. 속삭임으로 하나 둘 셋 세어나갑니다. 속삭일 수 없을 정도까지 날숨을 내뱉습니다. 더 이상 비울 수 없을 정도로 숨이 다 나가면 다시 들숨을 마음껏 들이킵니다. 다시 허파가 가득 차면 그 상태로 15초 정도 숨을 정지합니다. 이어서 편하게 날숨을 내뱉습니다.

걷기명상의 들숨날숨은 억지로 하지 않습니다. 그냥 몸이 하는 대로 자연스럽게 호흡합니다. 억지로 하는 호흡은 부작용이 있을 수 있습니다. 다만 걷기명상을 할 때 허파를 완전히 비우는 심호흡을 한 두 번 하면 온몸이 살아나면서 자연스런 호흡에 도움이 됩니다.

걷기명상의 핵심은 들숨날숨의 호흡과 발바닥의 느낌을 알아차림 하고 거기에 온 마음을 실어 주의집중 하는 것입니다. 오직 지금 여기 이 순간에 존재하는 내 몸과 마음에만 주의를 기울이는 것입니다.

알아차림 하는 방법도 단순합니다. 발을 들어올릴 때는 들어올린다고 알아차리고, 앞으로 내밀 때는 내민다고 알아차리고, 내릴 때는 내린다고 알아차리고, 바닥을 밟을 때는 밟는다고 알아차립니다. 이렇게 알아차리려고 하면 빨리 걸을 수 없습니다. 걷기명상은 저절로 천천히 걷게 하고, 저절로 시간을 천천히 흐르게 하고, 저절로 마음을 고요하게 하고 여유롭게 합니다.

일부러 천천히 아주 천천히 마치 슬로모션처럼 왼발을 들어올려 한 발 내딛습니다. 허공에 올려진 왼발의 느낌과 외발로 방바닥에 밀착해 몸무게 전체를 홀로 감당하고 있는 오른발의 발바닥 느낌을 느낌 그대로 알아차립니다. 그 느낌에 온 마음을 기울입니다.

발뒤꿈치부터 발가락 끝까지 방바닥에 닿는 느낌이 한 발자국 한 발자국 모두 다릅니다. 평소 팔자걸음으로 걷는 게 습관이었다는 사실도 알게 됩니다. 무릎을 구부렸다 완전히 펴지 않고 걸었다는 사실도 알아차립니다. 옆으로 기우뚱 넘어지려고 하면 기우뚱 넘어지려 한다고 알아차림 합니다.

발바닥이 매 순간 어떤 느낌을 전하고 있는지 경험하면서 반복해서 방을 느릿느릿 왔다갔다 합니다.

걷기명상의 두 번째 핵심은 억지로 애쓰려 하지 않는 것입니다. 조급해 하거나 욕심을 내지 않습니다. 처음부터 생각을 뛰쳐나오지 못하게 잘 통제하면서 1시간 내내 발바닥 느낌과 호흡을 알아차림 해야겠다는 욕심은 걷기명상의 본질과는 거리가 먼 경쟁 심리의 발동입니다. '나'라는 생각의 덩어리를 버리고자 하는 게 걷기명상입니다.

걷기명상은 그저 편안하게 걷기 자체를 알아차리고 누리고 즐기면 됩니다. 지금 여기 이 순간 삶의 기쁨과 행복을 추구하는 것이 걷기명상입니다.

세 번째, 생각이 틈을 비집고 떠오르면 그냥 그 생각을 알아차리고 단지 바라보기만 하고 다시 발바닥 느낌으로 돌아옵니다. 이런 알아차림의 순간은 내가 지금 여기 이 순간 현존의 삶으로 돌아온다는 자각이자 소중한 기쁨의 순간입니다. 이런 기쁨을 억지로 내팽개칠 이유가 전혀 없습니다.

느낌과 생각이 끊임없이 생겼다가 사라지고. 생겼다가 사라지는 그 생멸(生滅)이 다름 아닌 무상(無常)입니다. 생생한 무아(無我), '자아 없음'의 체험입니다.

걷기명상을 반복 훈련하다 보면 알아차림의 순간은 자연스럽게 늘어납니다. 과거와 미래의 생각이 솟아오르는 순간은 저절로 줄어듭니다.

처음에는 머리와 얼굴에서부터 손과 발까지 온몸 구석구석이 가렵습니다. 그래도 긁거나 하지 않고 가렵다고 알아차리기만 합니다. 그리고 다시 발바닥 느낌으로 돌아옵니다. 생각이 가라앉듯 가려움도 어느 틈에 사라집니다.

네 번째, 호흡은 억지로 길게 숨쉬거나 짧게 숨쉬거나 하지 않고, 그냥 내 몸이 알아서 호흡하는 그대로 자연스럽게 맡겨둡니다. 발바닥 느낌을 알아차리고 주시하면 들숨날숨 호흡은 저절로 느낌에 따라 자연스럽게 이루어집니다. 호흡에 발을 맞추려 하지 않고, 발에 들숨날숨 호흡을 자연스럽게 맞춥니다.

생각과 언어를 멀리하고 벗어나기 위한 명상이기 때문에 마음속으로 왼발 오른발 이름을 붙이거나 하지 않습니다.

생각을 알아차리고 발바닥 느낌과 들숨날숨 호흡에만 온 마음을 다해 기울이는 게 쉽지 않습니다. 생각이란 마음의 권력자가 쉽게 권력의 자리를 내려놓지 않으려 하기 때문입니다.

사실 처음에는 몇 걸음 걷지도 않아 어느 틈에 생각의 뭉게구름이 내 마음을 뒤덮은 채 피어오르기 일쑤입니다. 뒤늦게 생각의 폭류를 알아차립니다. 그러면 잠시 걸음을 멈추고 그 생각을 바라봅니다.

그래도 알아차림 할 수 있게 해준 발바닥 느낌과 들숨날숨에 대해 대견해하고 칭찬해주고 격려해 줍니다. 어제와 내일에서 나를 구원해주고 이 순간의 삶으로 돌아오게 해 주는 발바닥과 들숨날숨은 은인이자 구원자입니다.

이게 다입니다. 걷기명상은 방에서 연습을 한 번만 해보아도 우리 모두 스스로에게 걷기명상가의 자격증을 줄 수 있습니다. 그저 고요한 마음으로 걷기를 즐기면 됩니다.

다리 근육이 튼튼해야 먼 거리를 걸을 수 있듯 마음도 마음 근육의 힘이 생기고 튼튼해져야 생각이라는 통통 튀는 공을 멀리 던져 버릴 수 있습니다.

    느낌과 호흡으로 다시 돌아오는 귀환은 꾸준하고도 지치지 않는 연습과 수행이 필요합니다. ☀

제2장 숨고르기

7. 마음 내려놓기

이 글에서 생각, 마음, 의식이라는 말은 붓다가 깨달은 우리 몸과 마음의 모여 쌓인 다섯 개 덩어리, 즉 오온(五蘊) 개념에 근거해서 사용합니다. 붓다의 빨리어 개념어를 정확하게 우리말로 옮기는 것은 불가능에 가깝습니다. 다만 가장 근접한 우리말을 사용할 수밖에 없습니다.

오온의 한문 번역어는 색(色), 수(受), 상(想), 행(行), 식(識)입니다. 모두 우리의 마음, 즉 타자와 구별되는 '자아'가 뇌 활동을 통해 언어로 만들어낸, 모으고 쌓아 집적해 둔 뇌의 뉴런 시냅스 연결망 다발들입니다.
색(色)은 몸(rupa), 수(受)는 느낌(vedana, 感情), 상(想)은 생각(sanna), 행(行)은 의지로 형성되는 행위들(sankhara), 식(識)은 분별심(vinnana, 意識)입니다.
그런데 빨리어 니까야 경전을 옮긴 번역자마다 조금씩 번역어가 다릅니다. 생각을 명부로 보내는 명상의 그 생각 상(想), 산냐의 한글 번역어만 해도 생각하는 마음, 지각, 인식 등 역자에 따라 모두 다릅니다.
이 글에서는 몸, 느낌, 생각, 상카라, 분별심이란 말을 사용합니다.

마음이란 말은 빠알리어 찌따(citta, 心)와 마노(mano, 意) 둘 다의 번역어입니다. 마노는 눈-귀-코-혀-피부 등 감각기관의 지각 작용을 가능케 하는 뇌의 뉴런 시냅스 연결망입니다. 마음은 넓은 의미로 몸을 제외하고 마노와 분별심, 느낌, 생각, 상카라 등을 모두 포함합니다.

이런 마음은 몇 가지 속성이 있습니다.

첫째, 마음은 대상과 접촉이 있어야 일어납니다. 접촉이 없으면 마음은 일어나지 않습니다.

둘째, 마음은 일어났다 사라집니다. 매 순간 접촉할 때마다 생겼다가는 사라지고 생겼다가는 사라집니다. 매 순간 마음의 작용인 느낌, 생각, 상카라가 함께 일어났다가 함께 사라집니다. 생멸(生滅)이 마음의 속성이고, 자아의 실상입니다.

셋째, 마음은 한순간에 한 가지 일밖에 하지 못합니다. 범이 나타났는데 범이 나타나는 순간 범이 나타났다는 마음만 일어나야 즉시 도망가 잡아먹히지 않습니다. 다른 마음이 동시에 일어나면 목숨을 잃을 수 있습니다. 그렇게 우리 마음은 하나만 일어나도록 자연 선택되어 진화해 왔습니다.

넷째, 마음은 대상을 아는 것입니다. 분별심, 의식이 없으면 느낌, 생각, 상카라도 없고 몸도 세계도 인식할 수 없습니다.

마음 가운데 하나인 생각의 종류도 다양합니다.

우선 사람은 머리로 생각합니다. 생각 사(思)는 정수리 신(囟)과 마음 심(心)으로 만들어진 말인데, 사실 머리가 곧 생각하는 마음의 장소입니다. 우리의 뇌가 생각과 마음의 자리입니다.

사람은 '지금 여기 이 순간'에 생각합니다. 생각 염(念)은 지금 금(今)과 마음 심(心)으로 이루어진 조어이고, 염두(念頭), 이념(理念), 관념(觀念) 등의 말이 이에 해당합니다.

사람은 새의 날개처럼 생각의 나래를 펼칩니다. 사유(思惟)라는 말의 생각 유(惟)는 마음 심(心)과 새 추(隹)로 이루어져 있습니다.

사람은 또 이리저리 헤아려 봅니다. 생각 려(慮), 염려하고, 우려하고, 고려하고, 사려하고, 배려합니다.

기억하고 이를 늘 떠올립니다. 생각 억(憶), 억측, 기억합니다.

살피고 관찰해서 얻는 생각도 있습니다. 생각 고(考), 숙고하고 고찰합니다.

생각 상(想)은 서로 상(相)과 마음 심(心)이 붙어있는 글자인데, 서로 오고가는 마음, 즉 소통하는 이야기가 생각입니다. 상대방의 마음과 세상을 아는 것이 생각입니다. 사(思), 염(念), 유(惟), 려(慮), 억(憶), 고(考)를 포함해서 생각은 느낌과 지식, 정보 등을 종합해서 사람을 행동으로 이끕니다.

우리의 삶은 불만족투성이입니다. 고통의 연속입니다. 빠알리어 둑카(dukkha)는 고통이란 뜻도 있지만 불만족, 불편함, 슬픔, 고뇌 등의 뜻도 있습니다. 수레바퀴가 제대로 굴러가지 않고 덜컹거리거나 아예 굴러

가지 않는 상태를 말합니다. 불만족스럽고 불편한 것은 당연히 고통스럽습니다.

고통의 반대말인 숙카(sukha)는 행복, 환희, 안락, 쾌락 등의 뜻이 있습니다. 우리가 체험하고 알고 있듯 숙카는 한순간일 뿐입니다. 아무리 절세미남과 미녀를 배우자로 맞아 결혼을 해도 몇 년 지나지 않아 싫증이 납니다. 처음에는 24시간 죽고 못 살지만, 세월이 지날수록 점차 시들해지고 무덤덤해집니다. 한계욕망 체감의 법칙입니다. 기혼자들이 불륜을 저지르는 까닭입니다.

붓다는 이 같은 삶의 고통에 대해 그 원인을 발견했고, 고통을 뿌리에서부터 없앨 수 있는 길을 개발했습니다. 실로 위대한 발견이었습니다. 삶의 고통에 대한 붓다 깨달음을 사성제(四聖諦), 네 가지 성스러운 진리라고 합니다.

사성제의 첫째는 삶은 고통이라는 진리입니다. 태어나는 것도 괴로움이고, 늙는 것도 병드는 것도 괴로움이고, 죽는 것도 괴로움이고, 근심, 슬픔, 고통, 우울, 불안도 괴로움입니다. 사랑하지 않는 사람과 만나는 것도 괴로움이고, 사랑하는 사람과 헤어지는 것도 괴로움이고, 원하는 것을 얻지 못하는 것도 괴로움입니다. 요컨대 다섯 가지 존재의 집착 덩어리(오취온, 五取蘊)가 모두 괴로움입니다.

둘째, 고통의 근원이 있다는 진리입니다. 갈애, 갈구(tanha, 愛)가 고통의 원인입니다. 감각의 쾌락 대상을 갈구하는 마음, 자신의 생명을 유지하고 다시 태어나 존재하기를 갈구하는 마음, 제한된 인간 존재를 벗어나 초월 상태로 우주의 궁극 실재와 합일을 갈구하는 마음, 이런 세 종류 갈구의 쌓임(集)과 이에 대한 집착(upadana, 取)이 고통의 원인입니다. 그래서 오온을 집착이라는 원인을 넣어 오취온이라고 합니다.

셋째, 이런 삶의 고통은 소멸시킬 수 있으며, 넷째, 소멸시킬 수 있는 길이 있다고 붓다는 확언합니다. 팔정도가 그 길입니다.

다섯 가지 존재의 집착 덩어리를 만든 갈애와 집착을 없애면 갈애를 조건으로 쌓여 구성된 자아라는 존재의 개념 덩어리가 사라지고, 자아가 존재한다는 개념 덩어리가 사라지면 오취온을 조건으로 생긴 태어남과 죽음이라는 개념도 사라집니다.

호흡명상이란 바로 이 같은 오취온을 없애는 8가지 올바른 길 가운데 하나인 정념(正念), 바른 알아차림, 싸띠(sammaa sati)입니다.

삶의 경주마 질주를 멈추고 말에서 내려 지금까지의 모든 생각, 관념, 이데올로기 등등 마음을 모두 다 내려놓으라는 가르침입니다.

우리는 태어나 언어를 배우면서 어머니 아버지의 세계관을 배웁니다. 우리의 최초 세계관은 부모님의 세계관입니다. 가정교육은 그만큼 중요합니다. 그런데 우리의 두 번째 세계관은 학교에서 다른 아이들과 함께 배운 국민교육에 의해 형성됩니다.

프랑스, 독일 등에서 학교를 세우면서 시작된 근대 국민교육은 노동자와 군인을 양성하기 위한 교육 시스템입니다. 자본주의 국가에서는 자본주의 이데올로기를 가르쳐 자본주의 인간을 육성하고, 사회주의 국가에서는 사회주의 이데올로기를 가르쳐 사회주의 인간을 길러냅니다. 농업 사회는 농업의 가치관을, 산업사회는 산업의 가치관을 가르치고 농민과 산업 전사를 길러냅니다.

사실 이런 이데올로기와 가치관은 국민국가의 지배세력인 엘리트 기득권들의 현상 유지 가치관(status quo)에 지나지 않습니다. 그런 이데올로기와 가치관 속에서 사는 것이 정상의 삶이며 그런 가치관을 벗어나는 것은 일탈이고 비정상의 삶이라고 생각하며 살아가게끔 지배세력이 강제한 것입니다.

호흡명상은 이 같은 주입된 기존의 국가와 사회 세계관을 몽땅 다 갖다버리는 일탈의 길입니다. 쌓이고 쌓인 오취온을 내려놓는 해방과 자유의 길입니다.

생각과 마음 모두를 다 내려놓습니다. 들숨날숨 호흡을 알아차림 하고, 매 순간 생멸하는 오취온을 알아차림 함으로써 사성제를 깨닫고, 완전히 새로운 삶으로 전환할 수 있습니다.

호흡명상은 오직 지금 여기 이 순간의 삶이야말로 진정한 삶이고, 기적의 삶이고, 기쁨과 희열의 삶임을 통찰하게끔 해줍니다. 그리고 지금 여기의 삶으로 떠오르는 체험을 가능케 합니다.

마음을 다 비우는 것, 그게 공(空)이고 깨달음입니다. 마음을 '지금 여기'의 삶으로 가득 채우는 기쁨과 희열, 그게 색(色)이고 깨달음입니다. 새로운 기적의 삶입니다.

걷습니다. 오직 걷기에만 온몸과 마음을 다 기울입니다.
오직 발바닥의 느낌과 들숨날숨을 알아차림 할 뿐입니다.

매 순간 지금 여기에서 멈추고 마음을 내려놓습니다. 마음을 비웁니다. 매 순간 지금 여기의 정거장에서 출발하고 매 순간 종착역에 도착합니다.

매 순간 지금 여기의 삶으로 떠오릅니다. ☀

8. 날마다 좋은 날, 고통이 곧 기적

『벽암록(碧巖錄)』의 6번째 선문답은 운문(雲門) 선사의 자문자답입니다.

운문(864~949) 스님이 말씀하셨다.
"안거하던 동안에 대해서는 그대에게 묻지 않겠지만, 안거 끝난 다음에 대하여 한 마디 해보아라."
스스로 (대중을) 대신하여 말하였다.
"매일같이 좋은 날이로다."(백련선서간행회, 『벽암록』, 장경각)

벽암록의 '운문 자문자답' 해설은 안거 기간과 안거 이후라는 분별심을 버리라는 뜻이라고 적고 있습니다.

언어의 개념을 버리면, 실제로 선승이 아니더라도 어떤 사람이든지 날마다 좋은 날을 만들 수 있습니다. 생각과 마음을 내려놓고, 분별심을 버리고, 언어의 개념에서 벗어나 날마다 좋은 날을 만드는 방법 가운데 하나가 붓다가 제시한 걷기명상, 호흡명상입니다.

나부터 마음을 바꾸는 걷기 혁명은 무엇보다도 우선 가족 관계에서 기존의 관계를 성찰하고 바꾸는 데서부터 시작합니다.
알아차림과 마음 내려놓기는 나부터 시작하는 지금 여기 내 삶의 되찾기입니다. 고통에서 벗어나 내 삶을 행복하게 하기 위한 올바른 길입니다. 그런데 나 혼자만 알아차림하고 나만 지금 여기의 행복한 삶을 찾았다고 해서 실제로 고통이 사라지고 행복한 삶을 살 수 있다는 것은 착각입니다. 사람은 다른 사람과 어울려 함께 살아가야만 생존이 가능한 사회성 동물이기 때문입니다.

내 존재란 타인과의 관계 속에서 생겨나는 존재이고, 사건입니다. 타인이 없으면 내 존재와 삶도 사라지고 없습니다. 우리는 '홀로 존재'가 아니라 '더불어 함께 존재'(inter-being)하는, 오직 관계 속에서만 삶이 드러나는 과정으로서의 존재입니다.

또 다른 나인 타자의 알아차림과 마음 내려놓기를 동시에 추구하지 않으면 나의 알아차림과 마음 내려놓기는 무용지물입니다.

자비심은 다른 누구에 앞서 고통받고 있는 나 자신에 대해, 고통받고 있는 배우자, 부모, 자식, 자매 형제에 대해 일으켜야 합니다. 자신과 배우자에 대한 자비심이 없이 고통받는 타인, 고통받고 있는 인류 전체에 대한 자비심을 일으킨다는 것은 위선이거나 거짓 자비심입니다.

우리는 대부분 가족 간 갈등을 겪고 있습니다. 이는 너무도 당연합니다. 부부간 사이는 0촌(寸)이라고 합니다. 부부 일심동체라는 말도 있습니다. 그러나 이 말은 역으로 일심동체도 아니고 0촌도 아니기에 나온 말입니다.

우리는 어느 누구도 완전한 존재가 아닙니다. 100% 완벽한 남편, 완전체로서의 아내란 환상입니다. 그런 존재는 없습니다.

20년 30년 이상을 서로 다른 세계관과 생각, 주장과 견해, 문화 속에서 살아온 두 사람이 만났는데 세계관의 갈등과 충돌이 없다면 그게 이상한 것입니다. 두 세계관의 이른바 '화학적 결합' 같은 것은 애당초 어불성설입니다. 천상천하 유아독존의 독립된 두 개별 생명체를 하나의 생명체로 만드는 것은 아예 불가능합니다.

부부 간 갈등의 대부분은 배우자를 내 생각과 기준에 맞춰 바꾸려고 하기 때문에 일어납니다. 휴일에 집안일 도울 생각은 하지 않고 하루 종일 소파에 누워 텔레비전 채널만 돌리고 있는 남편은 열불이 납니다. 연애할 때는 간이라도 빼줄 것처럼 내 취향과 내 말에 모든 것을 맞춰줍니다. 그러나 결혼을 하고 나면 사람이 백팔십도 달라집니다.

야근에 회식에 서로 직장 일로 스트레스도 많고 피곤이 쌓이고 쌓이는데, 휴일이면 좀 멍때리며 쉬어야지 쉬는 날 이거 하자 저거 하자 잔소리만 하는 아내는 귀찮기만 합니다. 연애할 때는 내가 무슨 의견을 내도 적어도 경청하는 척이라도 했는데, 결혼하고 나서는 백팔십도 달라졌습니다. 빨래는 세탁기가 하고 밥은 시켜 먹든지 외식하면 됩니다.

화성에서 온 남자, 금성에서 온 여자는 이처럼 두 세계관의 거리와 충돌을 극명하게 보여줍니다.

다른 사람의 세계관과 마음을 프로크루테스의 침대처럼 내 세계관과 내 마음에 맞게 손도 자르고 발도 자르려고 하는 순간, 대화는 사라지고 화와 긴장과 말싸움과 갈등은 폭발합니다. 사실 그런 행위는 상대방의 생각과 마음의 집을 부수는 도발이자 폭력 행위입니다.

두 세계관이 서로 만나면서부터 연애하고 결혼하고 아이를 낳고 자식이 성장해 독립해 나간 뒤에도 부부 사이에는 끊임없는 의견 차이와 갈등이 존재합니다. 그게 정상입니다. 의견 차이가 없다면 그것은 남편이나 아내가 폭력을 휘둘러 독재를 행하거나, 극단의 의존관계인 일종의 가스라이팅일 수 있습니다.

부부간의 갈등을 전쟁 상태 또는 파탄으로 몰고 가지 않고, 평화와 화합의 관계로 갈등 관리를 하기 위해서 제일 먼저 필요한 것이 비폭력 대화입니다. 진정한 대화란 배우자의 독립된 세계관을 인정하고, 경청하고, 이해하고, 그리고 언어를 넘어서서 상대방의 내면으로 깊숙이 들어가는 알아차림이 있어야 가능합니다. 라이너 쿤체와 엘리자베스 리코네로바처럼 '더불어 함께 존재'(inter-being)의 참 실상을 바라보아야 진정한 대화가 가능해집니다. 뇌과학 용어로 말하면 서로의 뇌 주파수에 대해 공명해야 합니다.

이렇게 말하면 대화가 매우 어려운 것처럼 생각될 수 있습니다. 그러나 비폭력 대화의 핵심은 인정과 경청이며(마셜 로젠버그, 『비폭력 대화』, 한국NVC출판사), 경청을 제대로 하면 어떤 사람과의 대화도 진심 어린 대화로 손쉽게 바뀝니다.

인정과 경청은 전혀 어렵지 않습니다. 다만 상대방을 하나의 독립된 존재, 하나의 독립된 세계관, 하나의 우주로서 있는 그대로 인정하고 받아들이면 됩니다. 맨 처음 만나 사랑의 마음이 온몸을 휩쓸고 가슴 설레던 그 순간처럼 경청은 온 마음을 다해 남편 또는 아내의 말과 그 진심을 주의 집중해서 들으면 됩니다.

사실 우리는 다른 사람과 대화를 하면서도 대화하지 않습니다. 상대방이 던진 몇 마디 말에 생각이 생각의 꼬리를 물고 이어져 정작 상대방의 말은 듣지도 않게 됩니다. 20~30명을 모아 놓고 2인 1조로 나눠 한 사람이 1분 동안 상대방에게 자기소개를 하게 한 다음 조별로 상대방의 자기소개를 들은 대로 발표하게 하면, 우리가 얼마나 경청하지 않고 있는지 금방 실감할 수 있습니다.

인정과 경청은 훈련이 필요합니다. 가장 좋은 방법이 걷기명상과 호흡명상의 알아차림 훈련입니다. 걷기명상은 내 생각과 마음의 인정과 경청입니다. 알아차림을 대화에 적용하면 상대방의 말에 전심전력을 기울여들을 수 있고, 상대방이 말하고자 하는 내면의 그 마음을 알아차릴 수 있습니다. 그리고 이런 알아차림과 마음 내려놓기의 비폭력 대화는 고통받는 내 마음과 상대방의 마음을 기적처럼 치유해 줍니다.

역지사지(易地思之), 입장을 바꿔 생각해 보기는 인정과 경청을 통한 상대방의 마음속으로 들어가기입니다. 이런 인정과 경청의 대화는 내 마음도 바뀌게 하고, 상대방의 마음도 바뀌게 하며, 서로의 인간관계에 대해 깊이 통찰할 수 있는 놀라운 체험을 가능케 합니다.

걷기명상과 호흡명상, 인정과 경청의 대화는 우리로 하여금 닭장에 가서 닭똥을 가져오는 게 아니라 달걀을 가져올 수 있게 합니다. 마음 치유를 통해 지금 여기 나와 내 가족, 내 이웃의 삶을 행복하게 만듭니다.

영국 출신의 승려 아잔 브람이 말합니다.

저녁 식사 자리에서 부인에게, 혹은 남편에게 무엇을 이야기하십니까? 오늘 있었던 일 중에 즐거웠던 일을 전합니까? 그보다는 잘못된 일, 속상했던 일을 꺼내놓지 않습니까? 바로 이것이 보통 사람들이 안고 있는 문제입니다. 우리는 모두 잘못된 점만을 지나치게 따집니다. 닭똥만 바구니에 잔뜩 담아오는 것이지요. 그러고는, 그것 때문에 감정이 상하고 화가 나고 죄책감을 느끼다가 상대에게 책임을 떠넘기고 원망하는 것입니다. "정말이지 난 이제 더 이상 당신을 참을 수가 없어! 당신은 똥만 갖고 오잖아!" 이것이 우리가 되풀이하는, 잘못 길들여진 버릇입니다. 잘못된 점들은 그대로 썩어버리도록 과거에 내버려두십시오. 그것은 썩어서 거름이 되어야 할 똥입니다. 그 똥을 바구니에 담아 지금 여기까지 들고 오는 대신 상대와 함께했던 아름다운 장면들을 들고 와서 함께 떠올려 보십시오. 그것이 바로 당신이 현명한 달걀 수집가가 되는 길입니다.(아잔 브람, 「닭똥 대신 달걀을 모으는 지혜」, 『참불』 창간호, 대한불교조계종 참불선원)

고통과 행복, 둑카와 숙카는 둘이면서 하나입니다. 우리는 매 순간 생각이라는 고통의 덩어리를 지금 여기의 삶이라는 기적의 행복으로 바꿀 수 있습니다. 간단합니다. 내 마음을 내려놓고 바꾸기만 하면 됩니다.

지금 여기 이 순간 내 옆에 있는 남편과 아내, 딸아들과 아버지 어머니, 가까운 지인들과 알아차림의 대화를 시작하는 것, 이것이 붓다의 걷기 치유명상입니다.

날마다 고통을 행복으로 바꾸는 좋은 날의 기적입니다.
붓다의 법과 행동입니다. ☀

9. 내 안에 붓다가 있고 예수, 무함마드가 있습니다

사람 몸의 세포 수는 성인 여성이 약 28조 개, 성인 남성이 36조 개 정도인 것으로 추정합니다. 우리 몸의 세포는 매 순간 태어나고 죽고 교체됩니다. 1초에 약 380만 개나 됩니다. 하루에 3,300억 개입니다. 우리는 매 순간 태어나고 죽는 생명체입니다.

사람 몸에는 사람 세포 수보다 훨씬 많은 약 100조 개의 박테리아, 바이러스, 곰팡이가 터를 잡고 살고 있습니다. 우리 몸은 매 순간 태어나고 죽는 '나'와 100조 개의 미생물이 함께 공존하는 커다란 또 하나의 복합 생명체입니다.

그런데 숨을 들이마시고 내쉴 때 우리 몸에서는 평균 약 25해 개나 되는 분자가 들어왔다 나갑니다. '해'라는 숫자 단위는 25 뒤에 0이 20개 있는 숫자입니다. 사람의 인지 능력 밖의 숫자입니다. 사람 몸과 미생물 세포 수와는 비교조차 되지 않습니다. 전세계 바닷가의 모래알 수보다 많을 것입니다.

우리가 숨을 내쉴 때는 내 몸 안 구석구석 세포에 있던 이산화탄소 분자만 몸 밖으로 나가는 게 아닙니다. 새로 탄생한 세포 대신 교체된 세포도 나갑니다. 숨을 들이마실 때는 내 앞과 옆, 뒤의 다른 사람들이 날숨으로 내뱉은 그 사람들의 폐기된 세포가 그대로 내 몸 안으로 들어옵니다.

다른 사람의 몸속에 있던 바이러스와 박테리아, 곰팡이 등도 들어오고 숲에 가득한 휘발성 유기화합물(BVOCs)과 수증기, 기타 탄화수소 등도 들어옵니다. 그리고 다시 내 몸 밖으로 나갑니다.

무게로 치면 하루 약 13.6kg이나 됩니다. 우리가 하루에 먹는 음식은 평균 약 1.8kg입니다. 물은 약 2.3kg 마십니다.

인천공항을 비롯해서 우리나라 공항을 통해 들어오고 나간 1년 평균 출입국자 수가 코로나 사태 직전인 2019년에 약 1억 명(9,355만 명)입니다. 사람들의 이런 들락날락에 견주면 호흡의 들숨날숨은 우주의 빅뱅과도 같은 수축과 폭발입니다.

이런 세포와 분자의 들어오고 나감이 1분당 평균 18번, 하루 약 2만 5천 번이나 우리 몸에서 일어납니다. 한평생 몇 번이나 계속되고, 들어오고 나가는 세포와 분자 개수가 얼마나 되는지 보통 사람들의 머리로는 계산하기도 어렵습니다.

호흡에 대해 자신이 직접 경험하고 호흡 전문 과학자들과 함께 특수 호흡 실험까지 자청해서 해 본 제임스 네스티는 이렇게 말합니다.

독자든 나 자신이든, 숨쉬는 다른 어떤 존재든, 입이나 코로 들이쉰 모든 것, 아니면 피부로 빨아들인 모든 것은 138억 년 동안 존재하며 대물림되어 온 우주먼지들이다. 다루기 힘든 이 물질은 햇빛에 분해되어 우주 전체에 퍼졌다가 다시 합쳐진다.

숨을 쉰다는 것은 우리를 둘러싸고 있는 것 속에 담긴 우리 자신을 흡수한다는 것이다. 또한 작은 생명의 파편들을 받아들이고, 그것들을 이해하고, 우리 자신의 일부를 다시 내놓는 것이기도 하다.

　호흡의 핵심은 교환이다.(제임스 네스티, 『호흡의 기술』, 북트리거)

　그렇습니다. 우리는 매 순간 우주의 빅뱅을 체험하고 매 순간 생명의 태어남과 죽음을 경험합니다. 지구별에 생명체가 생긴 그 순간의 단세포부터 지금까지의 생명체 전체 역사를 온몸으로 체험합니다. 세상의 몸과 마음을 내 몸속으로 받아들이고 매 순간 내 몸과 마음을 세상 속으로 내보냅니다.

　숲 속의 신선한 휘발성 유기화합물은 나무들의 의사소통 수단이기도 합니다. 나무들은 잎에서 산소뿐만 아니라 휘발성 유기화합물을 내뿜어 서로 대화를 합니다.(스테파노 만쿠소·알렉산드라 비올라, 『매혹하는 식물의 뇌』, 행성B이오스)

　우리는 숲을 천천히 걸으면서 소나무와 참나무, 가문비나무, 물푸레나무를 비롯해서 온갖 나무들이 서로 주고받은 대화를 폐부 깊숙이 들이마십니다. 나무들의 수군거림은 심장을 거쳐 핏줄을 통해 내 온몸 구석구석 돌아다니면서 자신들의 대화 내용을 내 몸의 세포마다 전해줍니다. 그리고 다시 날숨을 통해 내 몸 밖으로 나가 숲으로 돌아갑니다.

　발바닥과 온몸의 느낌, 들숨날숨을 주시하고 알아차림 하는 걷기명상은 평범한 사람들에게도 어렴풋이나마 이런 나무들의 대화를 느낌으로 들을 수 있게 합니다.

식물과 숲을 연구하는 식물학자들 가운데 예민한 사람들은 숲에 들어가면 나무들이 나누는 대화를 느낌으로 듣는다고 말합니다. 이들은 수많은 식물 관련 과학 실험 결과를 토대로 벌목꾼들이 나무를 베어내기 위해 엔진톱을 들고 숲에 들어오면 나무들은 두려움에 사시나무 떨듯 떨고, 실제로 나무를 자르면 그 나무는 비명을 지른다고 설명합니다.(피터 톰킨스 · 크리스토퍼 버드, 『식물의 정신세계』, 정신세계사)

　깊이 숨을 들이쉽니다. 숲이, 세상이 나의 온몸으로 들어와 내 몸과 마음이 됩니다. 더 깊이 숨을 내쉽니다. 나의 현존이 그대로 숲과 세상이 됩니다.
　다시 지금 여기 이 순간 숨을 들이마십니다. 내 몸속으로 붓다의 세포 몇 개가 들어옵니다.

　붓다가 45년 동안 삶의 진리를 가르치면서 내쉰 날숨 속에는 붓다의 교체된 세포가 수천 조, 아니 수천 해, 아니 해 다음다음다음 단위의 숫자로 들어있었습니다. 그중 한 뭉텅이가 붓다의 설법을 듣던 어떤 비구의 몸속으로 들어갔다가 돌고 돌아 몇백년 뒤 어떤 재가 청신녀의 배설물을 통해 거름이 되었습니다. 이 거름을 통해 붓다의 세포는 감자의 일부가 되었습니다.
　신라 출신으로 인도 여행기를 쓴 『왕오천축국전』의 혜초 스님이 인도에 가서 탁발 공양을 받았을 때 그 감자는 혜초 스님 몸의 일부가 되었습니다. 당나라로 돌아온 혜초 스님이 당나라 수도인 장안의 천복사(薦福寺)에 있으면서 신라에서 유학 온 젊은 스님을 만났고, 붓다의 세포는 이번에는 젊은 스님의 몸으로 들어갔습니다. 그 젊은 스님을 통해 붓다의 세포는 신라에 도착했습니다.

그리고 또 돌고 돌아 붓다의 세포 몇 개가 마곡사 백범명상길의 어떤 솔잎에 들어갔다 나와 공기 중에 떠돌고 있었습니다. 그리고 마침내 지금 여기 이 순간의 걷기명상을 즐기고 있던 내 몸속으로 들어왔습니다.

전세계 80억 명의 사람들 몸속에는 붓다의 세포가 적어도 하나 이상씩 들어있을 것입니다. 예수의 세포도 무함마드의 세포도 들어있습니다.

우리는 붓다의 일부이기도 하고 예수의 일부, 무함마드의 일부이기도 합니다. 단군의 일부이기도 하고 우리 조상들과 당연히 어머니와 아버지의 일부이기도 합니다.

흙의 일부이기도 하고 소나무와 참나무의 일부이기도 하고, 돌멩이와 바위의 일부이기도 합니다. 강물과 구름과 빗방울, 눈송이의 일부이기도 합니다.

나는 너의 일부이기도 하고 너는 나의 일부이기도 합니다.

걷기명상은 이렇게 나와 세상이 분리되어 있는 별개의 존재가 아니라 서로 들락날락하면서 서로 의지하여 함께 나타나는 '더불어 함께 존재'(inter-being), '더불어 함께 행동'(inter-doing)의 관계임을 일깨워줍니다.

우리의 조상들과 붓다와 예수, 무함마드가 별개의 분리되어 있는 존재가 아니라 서로 몸과 마음을 나눈 하나의 현존임을 체험해주게 합니다.

붓다는 생사의 원인을 추적하고 통찰하다가 드디어 우리가 생각하는 태어남과 죽음이란 이처럼 서로 의지하여(paticca, 緣) 함께(sam) 나타나는(uppada, 起), 언어로 구성된 개념일 뿐이라는 사실을 깨달았습니다. 붓다의 연기법은 깊은 통찰명상을 통해 얻은 진리입니다.

나는 걷습니다. 내 안의 붓다와 함께 걷습니다. 내 안의 예수, 무함마드와 함께 걷습니다.

내 안의 팔레스타인 사람, 유대인과 함께 걷습니다. 우크라이나, 러시아 사람과 함께 걷습니다.

내 안의 그대와 함께 걷습니다.

숨을 내쉽니다. 내 몸 밖으로 붓다의 세포가 나갑니다. 이렇게 다시 붓다의 깨달음은 여행을 떠납니다.

발바닥의 느낌과 들숨날숨을 살피고 주시하는 마음이 붓다의 깨달음 여행을 알아차리고 단지 바라보기만 합니다. ☀

10. 역사상 가장 위대한 명상법

두 발로 걸을 수 있다는 그 자체가 기적이고 지복입니다. 행복을 향해 걸어가는 과정이, 걷고 있는 지금 여기 이 순간이 행복해야 진정한 행복입니다.

마약과 술로 도파민을 다량으로 분비시키거나 아니면 아예 도파민을 흡입해서 지복의 황홀감을 체험하는 행복은 도파민이 사라지면 신기루처럼 함께 사라집니다. 술과 마약에서 깨어나면 다시 고통스런 삶이 기다리고 있습니다. 몸과 마음은 갈수록 망가집니다.

카지노에 가서 잭팟을 터트리고, 주식투자가 대박이 나거나 로또에 당첨이 돼 한순간에 수십억을 버는 그 희열도 마찬가지입니다. 그 순간뿐입니다.

그러나 걷기명상은 기쁨과 지복이 늘 깨어있음으로 매 순간 사라짐 없이 이어집니다. 마음을 내려놓고 비우고, 지금 여기 이 순간을 마음의 도파민 샘으로 만들었기 때문입니다.

오직 지금 여기 이 순간을 걷는 행복은 결코 사라지지 않습니다. 몸과 마음은 갈수록 고요해지고 맑아지고 텅 비고, 고통 없음, 죽음 없음의 행복을 누립니다.

다시 숨을 들이쉬고 천천히 발걸음을 내딛습니다. 발바닥의 느낌을 온전한 기쁨과 함께 알아차림 합니다. 나는 지금 여기에서 깨어납니다. 지구별 흙에 다시 귀환했습니다.

천천히 온 마음으로 발을 주시하면서 숨을 내쉽니다. 지금 여기 이 순간 나는 행복입니다.

붓다가 개발한 '들숨날숨 알아차림'(anapanasati) 호흡법은 역사상 가장 위대한 명상법이라고 많은 사람들이 인정하고 있습니다. 우리나라뿐만 아니라 미국과 서구에서 열풍이라는 말이 나올 정도로 유행하는 대부분의 명상 프로그램은 '들숨날숨 알아차림' 호흡법의 응용이거나 변형입니다.

빠알리어(pali) 아나빠나는 들숨날숨이라는 뜻이고, 싸띠는 알아차림(awareness), 순수한 주의집중(bare attension), 마음챙김(mindfulness), 새김 등으로 번역합니다.

붓다가 가르치고 있는 들숨날숨 알아차림 호흡 방법은 매우 간단합니다. 그러나 심오합니다.

길게 숨을 들이쉬면서 나는 길게 들이쉰다고 알아차리고, 길게 숨을 내쉬면서 나는 길게 숨을 내쉰다고 알아차린다.

짧게 숨을 들이쉬면서 나는 짧게 들이쉰다고 알아차리고, 짧게 숨을 내쉬면서 나는 짧게 내쉰다고 알아차린다.

몸 전체를 경험하면서 숨을 들이쉬는 것을 훈련하고, 몸 전체를 경험하면서 숨을 내쉬는 것을 훈련한다.

몸의 작용을 고요히 하면서 숨을 들이쉬는 것을 훈련하고 몸의 작용을 고요히 하면서 숨을 내쉬는 것을 훈련한다.(김주환, 『내면소통』, 인플루엔셜)

붓다는 명상의 시작을 들숨날숨 호흡 자체를 알아차리는 데서부터 시작합니다. 그래야 마음이 하나로 모아집니다. 이어서 몸을 경험하면서 알아차림 하는 훈련을 하고, 느낌, 마음, 법을 알아차림 하는 훈련을 하라고 가르칩니다. 한자로는 신수심법(身受心法)이라고 합니다.

군왕대에서 시작한 걷기명상의 생각 멈추기, 발의 느낌과 들숨날숨 호흡 알아차림 수행은 명상 수행의 준비 훈련입니다. 명상 수행의 기본기이자 평생 매일 일어나면 시작하는 하루의 준비운동입니다.

준비운동이 끝나고 시작하는 명상이 다름 아닌 들숨날숨 호흡 알아차리기 명상입니다. 이미 준비운동 하면서 해왔던 것입니다. 다만 생각을 멈추는 데서 한 걸음 더 나아갈 뿐입니다. 떠오르는 생각을 있는 그대로 알아차림 할 뿐만 아니라 몸과 느낌, 마음, 무상-고-무아의 진리와 연기법, 사성제를 알아차림 하는 데로 나아갑니다.

명상 수행 방법의 두 축은 앉아서 하는 좌선과 걷기명상입니다. 붓다는 좌선과 걷기명상을 통해 진리를 깨달았습니다.

붓다는 깨어있음에 전념하기 위해서는 낮 동안에 걷기명상과 좌선을 하고, 밤의 초경(7시~9시)에도 걷기명상과 좌선을 하고, 한밤중에는 일어날 시간을 인식하고 발을 포개어 알아차림 하면서 오른쪽 옆구리로 사자처럼 누워 자고, 밤의 삼경에는 일어나 걷기명상 하거나 좌선을 하라고 가르칩니다. 하루 온종일 호흡명상을 하라는 말입니다.

실제로 붓다 자신도 어느 때는 밤새도록 걷기명상을 하다가 새벽이 되어서야 발을 씻고 잠을 청했다고 『쌍윳따니까야』는 전하고 있습니다.

제자인 목갈라나가 졸고 있을 때도 붓다는 걷기명상을 강조합니다. 졸음 퇴치의 방법도 단계별로 아주 자세합니다. 혼침(惛沈)이 생기면 졸립다는 생각을 버려라, 그래도 안되면 법을 사유하고 고찰하고 마음으로 숙고해라, 그래도 안되면 두 귓불을 잡아당기고 손으로 사지를 문질러라, 그래도 안되면 자리에서 일어나 물로 눈을 씻고는 사방을 둘러보고 별자리와 별들을 쳐다보아라, 그래도 안되면 '낮이다'라고 생각하고 마음을 밝게 만들어라, 그래도 안되면 앞과 뒤를 똑바로 인식하면서 '경행'을 하라. (대림 스님 옮김, 『앙굿따라니까야』, 초기불전연구원)

경전을 낭송하며 걷는 불교 행사에서 유래되었다는 경행(經行), 행선(行禪)이 걷기명상입니다. 이처럼 걷기명상은 좌선과 똑같이 매우 중요한 수행법입니다. 문을 걸어 잠근 채 벽만 바라보고 미동도 없이 몇 년 동안이나 참선 수행하는 극단주의 고행은, 붓다가 설파했듯이 중도의 진리를 벗어나 몸과 마음을 병들게 하기 쉬운 수행입니다.
걷기명상의 장점에 대해 붓다는 이렇게 가르칩니다.

비구들이여, 경행에는 다섯 가지 이익이 있다. 무엇이 다섯인가?
여행을 감내할 수 있고, 정근을 감내할 수 있고, 병이 적고, 먹고 마시고 씹고 맛본 것이 잘 소화되고, 경행에 몰두하면 삼매에 오래 머물 수 있다.
비구들이여, 경행에는 이런 다섯 가지 이익이 있다. (대림 스님 옮김 『앙굿따라니까야』)

호흡명상이 신경정신 질환 치료에 탁월한 치료 효과가 있다는 사실은 숱한 실험 보고서를 통해 이미 확고하게 입증되었습니다. 미국과 유럽 등 서구에서 신경질환 환자들이 참가하는 명상 프로그램이 확산되고 있는 것에서도 확인할 수 있습니다. 병원과 대학 연구소뿐만 아니라 실리콘밸리의 디지털 거대 빅테크 기업 등에서도 호흡명상 프로그램이 확대되고 있습니다. 호흡명상이 스트레스를 근본에서부터 해소해주고 집중력을 높여주기 때문입니다.

걷기명상을 하는 사람은 이 말을 정확히 실감할 수 있습니다.

붓다의 가르침 중에 이런 내용이 있습니다.

32. 비구들이여, 나는 마음 이외에는 길들이고, 지켜보고, 수호하고, 제어하면 큰 이익을 가져오는 것을 하나도 보지 못했다오. 비구들이여, 길들이고, 지켜보고, 수호하고, 제어하면 마음은 큰 이익을 가져온다오.

33. 비구들이여, 이 마음은 밝게 빛난다오. 그런데 그 마음이 밖에서 온 번뇌에 의해서 오염된다오. 무지한 범부는 그것을 있는 그대로 통찰하지 못한다오. '그래서 무지한 범부는 마음수련을 하지 않는다' 라고 나는 말한다오.(이중표 역해, 『정선 앙굿따라니까야』, 불광출판사)

우리의 마음은 밝게 빛나는데, 다만 길들이고 지켜보고 수호하고 제어해야 빛이 난다는 가르침입니다. 마음은 길들여야 합니다. 원숭이처럼 이 나무 저 나무를 오가는 마음을 잘 길들여야 마음이 빛날 수 있습니다.

붓다가 마음을 길들이기 위해 개발한 호흡명상법이 팔정도의 정념(sati, 正念)과 정정(samadhi, 正定, 三昧)입니다.

삼매는 영어로는 집중(cocentration, total self-collectedness) 등으로 번역합니다. 영어 번역 가운데 '모아짐'이라는 수동태를 쓰는 것에서 알 수 있듯, 마음의 고요한 집중 상태인 삼매는 들숨날숨 호흡과 마음을 살피고 알아차림 하는 싸띠 수행의 결과로서 얻어집니다.

탐욕과 분노와 무명의 삶을 멈추고 다만 한순간이라도 깨어있는 한 걸음을 내딛습니다. 적어도 이 순간만큼은 기쁨에 겨워 깨어있는 삶임을 확실하게 통찰합니다.

내 발이 천천히 지구별 정거장에서 다시 출발합니다. 발뒤꿈치에서부터 발바닥, 발가락까지 발과 온몸은 강렬하게 지구별 땅을 느낍니다. 이윽고 발바닥이 다시 지구별 종착역에 내립니다.

생각을 알아차림 하는 것은 여전히 녹록치 않습니다. 몇 걸음 걷지 않았는데 벌써 생각이 어느 틈에 미친 듯이 뛰쳐나가더니 한참을 새끼 치고 가지 치고 저 혼자 마음속을 휘젓고 다닙니다. 뒤늦게 고삐 풀린 망아지로 날뛰는 생각의 그 고삐를 마음으로 붙잡고 알아차림 합니다.

그렇다고 조바심을 낼 이유가 하나도 없습니다. 서두를 까닭도 없습니다. 그냥 몸과 마음이 일어난 그대로 알아차리고 다시 호흡으로 돌아옵니다.

매 순간 자아의 스토리가 생겨나고 사라지는 자아 없음을 알아차리고 관찰하는 것만으로도 기쁨이고 희열입니다. ☀

11. 바다거북 알 낳기

비가 오고 나서 새싹들이 돋아나기 시작한 게 엊그제인 것 같은데 벌써 짙은 녹색의 소나무 숲 사이로 연두색 이파리들이 빽빽하게 들어차기 시작합니다. 봄은 벌써 숲 속을 가득 메우고 있습니다.

새벽의 백범명상길은 아무도 없습니다.

원혜 스님과 함께 새벽 걷기명상을 합니다. 스님이 오른쪽 한 걸음 앞에 서고, 나는 왼쪽 한 걸음 뒤에 섭니다. 묵언의 걷기명상입니다.

걷기 시작하기 전에 잠시 멈춰 서서 심호흡을 몇 번 합니다. 숲길의 봄을 마음껏 온몸으로 마십니다. 내 몸 구석구석에 봄이 들어옵니다. 스님과 내 몸은 어느새 봄입니다.

다른 새 둥지에 알을 낳은 검은등뻐꾸기 소리가 가까이에서 생생하게 들립니다. 지빠귀 소리도 함께 스님과 내 마음 안으로 들어옵니다.

천천히 발을 옮깁니다. 한 걸음 한 걸음마다 기쁨이 벚꽃처럼 피어납니다. 한 걸음 한 걸음이 꽃잎처럼 땅으로 내려옵니다. 발걸음이 일어났다가 사라집니다. 발걸음도 끊임없이 생멸합니다.

멈춤의 발걸음은 움직이고 변화하면서도 편안하고 여유롭고 고요하기만 합니다. 내려놓는 발걸음은 오직 지금 여기 이 순간의 삶 그 자체입니다.

어느 틈에 생각이 걷고 있었습니다. 얼마 동안이나 생각이 널뛰고 있없는지도 모릅니다. 원숭이 똥구멍은 빨개, 빨가면 사과, 사과는 맛있어 식의 건너뛰기에 급기야 나를 주인공으로 하는 단편 소설 창작까지 한참을 질주하고 있었습니다.

뒤늦게야 알아차림 합니다. 생각의 말에서 내려서도 관성이 남아 생각의 잔영이 불쑥불쑥 맴돕니다.

발걸음을 잠시 멈춥니다. 원혜 스님이 느릿느릿 저만치 앞에서 걷고 있습니다. 천천히 들숨날숨 호흡으로 돌아옵니다. 숲 속의 맑은 공기를 깊이 들이쉬고 천천히 내뱉습니다.

다시 지금 여기로 돌아옵니다. 알아차림 하면서 천천히 발을 들어올려 한 걸음을 내딛습니다. 발바닥을 힘차게 돌고 있는 생명의 피를 느낍니다.

완전히 새로운 느낌과 마음으로 발바닥이 입맞춤보다 훨씬 더 진한 발맞춤을 지구별에 합니다. 한 걸음 한걸음, 걸음만 있고, 들숨날숨만 있고, 나는 사라집니다.

붓다는 자의식의 의지가 작동해서 만들어지는 모든 것, 모든 행동들을 '쌍카라'(sankhara)라고 개념화했습니다. 오늘 지금 여기의 걷기도 쌍카라입니다.

빠알리어 쌍카라는 '모여서 작동함, 모이는 움직임, 집합하는 움직임'을 뜻합니다. 형성, 행위들이라고 번역하기도 하고, 한자로는 행(行)으로 번역합니다. 제행무상(諸行無常), 모든 형성된 것들은 반드시 흩어진다는 무상의 진리를 말할 때 그 행입니다. 결합, 집합의 뜻이 들어있기에 항상 복수형으로 씁니다. 중국에서는 이를 변하면서 흘러간다는 뜻의 천류(遷

流)로 해석하기도 했습니다. (활성 스님, 『상카아라와 담마』, 고요한소리)

우리의 몸과 마음을 구성하는 오취온은 늘 모여서 결합되고 또 해체됩니다. 몸도 세포들이 모여 결합되었다가 이윽고는 해체돼 흩어집니다. 느낌도 생각도 행동도 지식도 모여 형성되었다가 해체됩니다. 세상 만물이 다 그렇습니다.

붓다가 숨을 거두고 완전한 열반에 들기 직전 마지막 말씀도 제행무상의 진리였습니다.

수행승들이여, 참으로 그대들에게 지금 당부한다. 모든 형성된 것들은 부서지고야 마는 것이니, 방일하지 말고 정진하라.

이것이 여래의 마지막 유훈이었다. (전재성 역주, 『디가 니까야』, 「완전한 열반의 큰 경」)

걷기명상의 알아차림은 이처럼 떠올랐다 사라지고 결합되었다 해체되는 제행무상과 고통, 무아를 알아차리고 깨닫는 직접 체험입니다. 방일하지 않고 정진하면서 늘 깨어있는 바른길이 바로 호흡명상의 알아차림과 주의집중 훈련, 수행입니다.

걷기명상은 걷기명상 책을 읽거나 경전을 읽는 데서 그치는 수행이 아닙니다. 반드시 몸으로 직접 체험하고 직접 수행해야 합니다.

축구선수 손흥민이 어려서 축구를 시작할 때 아버지 손웅정은 손흥민의 기본기를 다지기 위해 365일 하루도 빠지지 않고 7년의 세월을 투자했다고 강조합니다. (손웅정, 『모든 것은 기본에서 시작한다』, 수오서재)

그가 축구 말고 또 한 일은 책읽기였습니다. 손웅정은 책에서 잊지 말아야 할 교훈을 배우고, 책을 통해 자신을 돌아보게 된다고 강조합니다.

걷기명상 수행이 이와 똑같습니다. 단련된 근육의 힘이 없으면 순식간에 질주하는 것도 오래 달리는 것도 불가능합니다. 잘 훈련된 마음 근육이 없으면 진리를 체험하기 위한 걷기명상 수행도 오래 못갑니다. 또한 붓다의 법문을 읽고 이해하고 깨우치고 몸과 마음을 성찰하는 공부 없이는 깨달음으로 나아갈 수 없습니다.

걷기명상의 기본기는 생각 멈추기, 발의 느낌과 들숨날숨 호흡의 알아차림입니다. 멈춤과 알아차림 수행은 깨달음과 니르바나 체험 이후에도 꾸준히 지속하는 선 수행의 준비운동입니다.

바다거북은 임신하면 수천 km를 헤엄쳐 자신이 태어난 바닷가 모래사장으로 돌아옵니다. 적당한 모래밭을 50cm 정도 파고 50~200여 개의 탁구공 같은 알을 낳고는 모래를 덮습니다. 그리고 다시 바다로 돌아갑니다.

바다거북 새끼는 50일 정도 되면 밤에 알을 깨고 부화해 모래를 헤치고 모래사장으로 나옵니다. 그리고 전력을 다해 바다를 향해 달려갑니다. 바다거북 새끼는 29.7도를 기준으로 암수가 결정됩니다. 그 이상이면 암컷, 그 이하면 수컷이 됩니다. 기후변화로 바다와 지표면 온도가 높아지면서 수컷이 점점 줄어들고 있어 바다거북의 멸종이 우려되고 있는 실정입니다.

걷기명상은 임신한 바다거북의 귀향 여행입니다. 바다거북처럼 기쁨과 설렘을 안고 자신이 태어난 본고향을 향해 느릿느릿 헤엄쳐 나아가는 항해입니다. 기적의 붓다를 출산하기 위해 온몸과 마음을 기울여 자신을 돌보는 태교입니다.

어느새 해가 떴습니다. 온 숲길에 햇살이 가늘고 긴 바늘잎처럼 수도 없이 꽂힙니다. 발걸음을 집으로 돌립니다.

내 몸과 마음은 매 순간 깨달음을 임신한 바다거북입니다.

느릿느릿 다시 한 걸음을 옮깁니다. ☀

12. 기적의 두 발 걷기

내 몸은 세포 하나하나, 팔다리 발가락 손가락 할 것 없이 어느 하나 기적 아닌 것이 없습니다. 물 마시고 밥과 채소, 과일을 먹고 들숨날숨 호흡만 했을 뿐인데, 어떻게 내 몸의 뼈가 되고 살이 되고 머리카락이 되는지 그저 감탄사만 나올 뿐입니다. 어머니 애기집에서 한 개의 세포였던 내가 어떻게 수십조 개의 세포로 늘어나 눈 귀 코 입 피부 머리를 갖춘 지금 여기의 내 몸이 되었는지 그저 놀라울 따름입니다. 어떻게 말을 하고 생각을 하고 사유하고 판단하고 마음이라는 게 생겨나는지 경이로울 뿐입니다.

내 몸과 마음, 특히 뇌는 기적입니다. 숲길의 풀 한 포기, 소나무, 참나무, 흙과 돌멩이 또한 어느 하나 기적 아닌 것이 없습니다. 지구별 행성 자체가 기적입니다.

두 발 걷기는 기적입니다. 지상에서의 한 걸음 한 걸음은 오직 유일무이하게 이 세상에 단 한 번뿐인 기적의 발걸음입니다. 내 몸도 발바닥 세포들도 늘 바뀌고, 숲길의 흙도 늘 바뀌고 있기 때문입니다. 지금 여기 이 순간 내 현존의 삶도 오직 유일무이하게 한 번뿐인 기적의 삶입니다.

지금까지의 고고학 연구 성과는 인간 이전 원숭이의 일부가 두 발로 서서 걷기 시작한 것은 약 600~700만 년 전이라고 말해줍니다. 직립 보행, 즉 두 발로 서서 걷기는 변화된 지구별의 기후 조건에 적응한 일부

원숭이과 짐승들의 자연선택 결과였습니다.(루이스 다트넬, 『오리진』, 흐름출판)

약 1,050만 년 경 아프리카는 급격하게 건조해지기 시작합니다. 기후변화는 아프리카를 광대한 사바나 초원지대로 만들었습니다. 그런데 동시에 시리아 북부에서 모잠비크까지 약 5,000km나 이어지는 아프리카 지구대를 경계선으로 뚜렷하게 구분되는 2개의 생태환경을 조성하기도 했습니다. 지구대란 땅이 가라앉아 주변보다 낮은 지대를 말합니다.

아프리카 지구대는 약 3,000만 년 전 아프리카 서부와 동부의 2개 지각판이 충돌해 해발 1,000m 이상 융기한 고원 지형이었습니다. 그런데 이후 2개 지각판이 조금씩 지구대를 사이에 두고 갈라지기 시작해 대협곡이 생겼습니다. 지금도 2개 지각판은 매년 몇 mm씩 벌어지고 있습니다. 대협곡 때문에 식물과 동물의 이동은 사실상 불가능해졌습니다.

아프리카 지구대의 서부에는 열대우림 지역이 남아 있었습니다. 숲에서 살던 원숭이과 짐승들은 열대우림 지역으로 들어갔습니다. 그러나 지구대 동부에는 열대우림이 없었습니다. 동부의 초원지대에서 원숭이과 짐승들은 포식자의 접근을 살펴야 했고, 먹이를 찾기 위해 멀리 이동해야 했습니다. 직립 보행은 생존을 위한 자연선택이었습니다.

직립 원인(猿人)들의 유골들이 주로 아프리카 동부에서 발견되는 까닭입니다.

우리의 두 발 걷기는 수백만 년의 경험이 축적된 경이 그 자체입니다.

걷기명상은 수백만 년, 수억 년, 수십억 년의 지구별 변화와 생명의 변화 역사를 온몸으로 체현하는 귀향 그 자체입니다.

수십억 년을 느끼고 알아차립니다. 또 한 걸음 내딛습니다. ☀

13. 마음이 가난해지면 참 '행복'을 누립니다.

예수는 '마음이 가난한 사람들은 행복합니다, 하늘나라가 그들의 것입니다'라고 선포했습니다. 위대한 명상가 예수의 위대한 복음 선언이 아닐 수 없습니다.

예수는 광야에서 40일 동안 금식 기도 명상 수행을 한 명상가였습니다. 요셉과 마리아의 아들 예수는 어린 시절 떠돌이 노동자 생활을 하며 유대인 민초들의 고통과 참상을 직접 체험하고 목격했습니다. 당시 로마의 식민지였던 이스라엘의 유대인들은 로마 총독부와 친로마 유대인 지배세력들의 가혹한 수탈을 견디다 못해 농민들과 주민들이 끊이지 않고 농민반란을 일으키고 있었습니다.

이런 시대 상황 속에서 예수는 사람들의 고통스런 삶을 구원하고자 유대교를 개혁하는 랍비의 길을 선택했습니다. 그리고 마침내 하느님의 부름을 받아 3년 동안 사람들의 마음속으로 들어가 그들과 함께 우애와 환대의 공동식사 공동체를 만들어 나갔습니다. 죽은 다음 내세에서가 아니라 '지금 여기' 현세에서 하느님의 나라를 실천하고자 했습니다. 그때까지의 유대교 가르침을 완전히 뒤집어 엎는 종교 혁명이었습니다.

예수의 공동식사 공동체는 민초들의 마음을 그야말로 뒤흔들었습니다. 밑바닥 인생이던 자신의 삶 속에 이미 하느님과 하느님 나라가 들어와 있음을 깨달은 수많은 유대인 민초들은 곳곳에서 열풍처럼 공유와 공존의 예수 신앙공동체를 건설해 나갔습니다.

결국 예수는 심각한 위협을 느낀 로마 총독부와 유대인 지배세력으로부터 서기 33년 십자가에 못 박혀 처형당합니다. 그러나 예수의 부활을 믿는 제자들에 의해 예수의 공동식사 공동체는 역으로 로마제국의 심장부까지 확산되었고, 마침내 로마의 국교가 됩니다. 그만큼 예수의 복음은 당시의 민초들에게는 충격이었고, 예수의 부활 메시지는 새로운 구원의 복음이었습니다.

예수의 가르침 그대로 생각이 사라지고 마음의 창고가 텅 비어 가난해지면 질수록 그만큼 삶의 진리를 깨달을 수 있는 공간은 넓어집니다. 지금 여기 이 순간에 복음의 말씀이 내 안으로 들어와 천국의 삶을 누릴 수 있는 가능성이 더 많아집니다.

예수는 당시 하루하루 끼니를 채우기도 어려운 최하층 극빈자들을 비롯한 가난한 사람들, 부족사회 변방으로 추방돼 간신히 목숨을 부지하고 있던 나환자들과 병자들 같은 최하층민들 속에서 하느님 나라를 실현하고자 했습니다. 가난한 이들의 가난한 마음속으로 들어가 이들에게 인간으로서의 존엄성을 일깨우고자 했습니다.

예수는 가난한 자로 태어나 가난한 사람들과 함께 하느님의 나라를 건설하고자 했고, 가난한 사람들을 위해 죽었습니다.

끊임없이 이어지는 욕망과 성냄과 무지의 생각을 버리고 마음을 텅 비워 생각을 가난하게 만드는 명상 수행이야말로 지금 여기 지극한 천국의 기쁨을 누릴 수 있게 해줍니다.

멈추고 헛된 욕망을 내려놓습니다. 마음을 비웁니다. 마음을 가난하게 합니다. 그러면 텅 빈 고요함으로 마음의 평화가 선물처럼 들어옵니다. 그런 깨달음과 새로운 삶의 고요한 평화 위에서 내 옆의 또 다른 나인 이웃들을 만납니다. 그러면 평화와 공존, 공유의 기적 같은 삶을 더불어 함께 누릴 수 있습니다.

우리의 생각은 접촉을 통해 불쑥 솟아나고 계속 이어집니다. 과거의 기억과 미래의 상상까지 온갖 이미지와 동영상과 소리, 맛, 촉감 등 즐겁고, 사랑스럽고, 좋아하고, 싫어하고, 고통스럽고, 정신을 못 차리게 하는 무수한 생각들이 순식간에 온 마음을 가득 채웁니다.

어떤 유명인의 성공 스토리를 접하게 되면 그 순간 생각은 상상의 나래를 펼쳐 내가 주인공이 되는 새로운 스토리를 만들어 냅니다. 잠깐 조는 사이에 온갖 부귀영화를 다 누려보는 일장춘몽, 남가일몽 그것이 생각, 마음의 특성입니다.

붓다(buddha)는 '깨달은 자'라는 뜻입니다. 약 2천 6백년 전 인도 북동부의 싸끼야 족 부족공동체에서 태어나 생사의 고통을 해결하기 위해 29살에 출가해 6년만인 35살에 삶의 진리를 깨달았습니다. 이후 45년 동안 자신의 깨달음을 제자들과 대중들에게 가르쳤고, 80세에 불교 용어로 완전한 니르바나에 들어 생을 마쳤습니다.

붓다의 관심사는 오직 사람들의 괴로움, 고통이었고 고통에서 벗어나는 방법이었습니다. 지금 여기 우리의 삶이었고, 해탈을 통한 밝고 빛나는 청정한 삶이었습니다. 저 멀리 눈에 보이지도 않고 알 수도 없는 안드로메다 성운의 어떤 생명체에 대한 것이 아니었습니다.

경험해보지 못하고 경험할 수도 없는 과거의 일이나 미래의 일에 대해 붓다는 침묵으로 일관했습니다.

붓다는 오직 우리 몸과 마음을 철저하게 관찰하고 통찰하고, 그리고 명상을 통해 진리를 깨달은 사람이었습니다.

우리의 생각은 좋아하는 일은 갈수록 점점 더 많이 하루 종일 생각하게 되고, 싫어하는 일도 갈수록 점점 더 많이 하루 온종일 생각하게 됩니다. 그리고 이 둘 때문에 정신을 못차립니다. 내가 좋아하는 일이 내 마음 그대로 이루어지는 경우는 많지 않습니다. 설사 이루어진다고 해도 짧은 순간뿐입니다. 내가 싫어하는 일이나 사람이 사라지는 것은 더욱 잘 이루어지지 않습니다.

이것이 삶의 괴로움이고 고통이고 고생길입니다.

불교 용어 탐진치(貪瞋痴)는 탐욕과 성냄, 어리석음이라는 뜻입니다. 우리 마음을 병들게 하는 세 개의 독화살과 같다고 해서 흔히 삼독(三毒)이라고 표현합니다. 그런데 이는 붓다 당시의 철학 용어인 좋아함(raga)을 탐욕으로, 싫어함(dvesa)을 성냄으로, 착각(moha)을 어리석음으로 잘못 번역한 것이라고 합니다. (강성용, 『미처 몰랐던 불교, 알고 싶었던 붓다: 인생의 괴로움과 깨달음』, 불광출판사)

이런 번역이 붓다 가르침의 본래 뜻과 개념을 오도할 위험성은 충분히 있습니다. 그러나 우리의 마음이 좋아함, 싫어함, 착각의 연장선상에서 탐욕과 성냄과 어리석음으로 오염된다는 사실은 분명합니다. 붓다 가르침을 크게 왜곡하는 것이 아니라면 오히려 붓다 가르침의 확장이라고 할 수 있습니다.

걷기명상은 생각을 길들이고, 지켜보고, 수호하고, 제어하는 마음 길들이기 훈련입니다. 그러면 마음이 밝게 빛나고 오롯이 현존으로 충만한 새로운 삶이 지금 여기로 들어옵니다.

탐진치를 버리는 순간 그게 행복이고 지복입니다. 완전히 버리면 그게 니르바나입니다.

붓다는 어떤 상황에 부닥쳐도, 어떤 사람을 만나도 탐진치의 마음이 일어나지 않는, 탐진치를 완전히 소멸시키고(滅盡), 멀리 떠나보내 버리고 늘 고요한 평정심을 유지했습니다. 붓다를 그래서 그렇게 가신 분(tathagata, 如來, 본 뜻은 如去), 잘 가신 분(sugata, 善逝)이라고 부릅니다.

걷기명상은 끊임없이 마음을 가난하게 하고 생각을 저 밑으로 가라앉게 하는 알아차림과 주의집중의 걷기입니다. 좋아하는 일, 싫어하는 일에 대한 생각을 즉시즉시 알아차림 하는 연습입니다. 탐욕과 성냄, 무지의 생각, 일장춘몽을 알아차림 하고 다시 걷기와 호흡에 주의를 기울이는 훈련입니다.

걷기명상을 하면서 탐진치가 사라진 매 순간순간 삼매에 들어가 우리는 깨달은 자 붓다가 됩니다. 그러면 텅 빈 마음으로 지금 여기 나의 삶이 천국의 삶으로 변합니다.

달콤한 꿀덩어리 같은 일장춘몽의 생각이 다시 마음을 뒤덮습니다. 그 순간 우리는 붓다 아님의 우물 나락으로 떨어집니다. 그 순간 지금 여기 내 삶은 고통으로 변합니다.

수십 년씩 벽을 보고 앉아 있어야만 니르바나를 체험하는 게 아닙니다. 탐진치를 버리고 만족과 불만족이 모두 소멸한, 고요하고 평정한 마음의 상태로 집중해서 걷고 있는 지금 여기 이 순간, 이것이 천국이고 지금 여기 이 순간의 니르바나입니다. 보통 사람 누구나 체험할 수 있는 게 붓다 가르침입니다.

지금 여기 걷기명상을 하는 그대가 붓다이고 그대가 예수입니다. ☀

제3장 다시걷기

14. 들숨날숨의 지구별 여행

우리의 몸 안에는 동맥과 정맥, 실핏줄 같은 관(tube)이 무수히 많습니다. 허파꽈리도 관이고 목과 작은창자, 큰창자도 관입니다. 땀샘과 똥오줌 길도 관입니다. 우리 몸의 관을 모두 합하면 그 길이가 무려 2,400km가 넘습니다.

핏줄 길이는 지구를 세 바퀴나 돌 수 있는 12만 km나 됩니다.

우리 몸의 피는 동맥과 실핏줄, 정맥을 통해 1분마다 한 바퀴씩 온몸을 돕니다. 하루 평균 약 7,600리터가 순환됩니다. 들숨으로 들어온 공기 속 산소가 핏줄을 타고 세포로 공급되고 이산화탄소와 노폐물은 날숨에서 밖으로 배출됩니다. 1분마다 산소분자 약 10억 개가 들어오고 같은 수의 이산화탄소 분자가 나갑니다.

우리 몸에서 소모된 지방의 85%가 허파를 통해 배출됩니다.

이산화탄소는 산소보다 무겁습니다. 당연히 들숨보다 날숨이 조금 더 무겁습니다. 몸무게가 줄어드는 것은 땀을 흘려서가 아니라 날숨을 통해서입니다. 허파야말로 몸무게를 조절하는 기관입니다.

들숨과 날숨은 우리 몸의 여행자입니다. 지구별 온 세상을 여행한 공기가 우리 몸속으로 들어와 우리 몸이라는 지구별을 여행합니다. 여행이 끝나면 우리 몸 밖으로 나와 우리 몸의 여행 체험기를 듣고 다시 세상을 여행하러 떠납니다. 우리 몸의 일부가 세상을 여행하기 시작합니다.

우리는 한평생 지구별 여행자입니다. 비행기와 기차, 배를 타고 직접 동남아와 아프리카, 아메리카, 유럽을 걷는 것도 지구별 여행이지만 백범 명상길 걷기명상의 발바닥 느낌과 들숨날숨을 주시하는 것도 지구별 여행입니다.

이 생을 마치고도 내 몸에서 나온 세포는 여행을 계속할 것입니다.

어깨를 펴고 천천히 깊게 숨을 들이마시고 숨을 내쉽니다. 원시생명체부터 수십억 년 동안 지구별의 승객이었던 우리 조상들의 지구별 여행 체험기가 온몸 구석구석 퍼져 속삭입니다. 그 속삭임을 알아차림 합니다.

소우주 자체인 내 몸의 여행기가 덧붙여져 새로운 속삭임이 다시 세상 밖으로 나갑니다. 새로운 속삭임이 다시 지구별 여행을 시작하는 모습을 알아차림 합니다. ☀

15. 맨발로 걷습니다

오늘은 맨발로 걷기로 했습니다. 양말을 벗어 신발에 넣고 일어섭니다.

신발이라는 칸막이 없이 지구별 흙을 마주친 발바닥 느낌이 너무나 강렬합니다. 발뒤꿈치부터 앞 발가락, 무릎 아래 맨살이 드러난 발목과 종아리까지 모든 세포 하나하나가 깨어나 환호성을 지릅니다. 발바닥을 찌르는 작은 흙모래와 돌 입자들이 이렇게 아우성치며 자신의 존재를 생생하게 드러내고 있다는 것을 신발을 신었을 때는 미처 짐작도 못했습니다.

흙과 숲 그늘 공기가 이렇게 선뜻하게 차갑고 시원한지도 처음 느껴봅니다.

두 손으로 신발을 든 채 천천히 한 걸음을 내딛습니다.

맨발 걷기명상은 발바닥 느낌과 들숨날숨 알아차림을 훨씬 더 깊게 해 줍니다. 처음 방 안에서 시작해 보는 걷기명상도 맨발이 더 좋습니다. 급한 비탈이 아니라면 어디든지 가능하면 맨발로 걷는 것이 훨씬 좋습니다.

붓다의 어머니는 붓다를 낳고 7일 만에 세상을 떠났다고 전해집니다. 붓다는 아버지인 숫도다나 왕과 결혼한 이모 마하 빠자빠띠 고따미 손에서 자랐습니다. 붓다는 깨달음을 얻은 뒤 7년 만에 고향인 까삘라밧투를 방문했다고 합니다. 아버지의 임종도 지켜봅니다.

이때 고따미는 붓다의 고요한 몸과 마음, 일거수일투족을 보고, 또 설법을 듣고는 출가를 결심합니다. 고따미 나이 이미 칠십을 넘었을 때입니다. 고따미는 붓다에게 출가를 허락해달라고 요청했지만 붓다는 이를 거절합니다.

여성은 남성의 종속물로 취급되었고, 다른 어떤 수행자 집단에서도 여성의 출가를 받아들이지 않는 시대였습니다. 당대의 현실 속에서 상가공동체를 관리하고 운영해야 하는 붓다 입장에서는 쉽지 않은 결정이었을 것입니다.

그러자 고따미를 비롯해서 출가를 희망하는 싸끼야 족 여성 수십 명은 스스로 머리카락을 자르고 가사를 입고 싸끼야 족 왕국의 까빌라밧투를 출발해 수백 km를 걸어서 베쌀리 시로 붓다를 찾아갑니다. 어제까지만 해도 왕비로서 호화롭게 생활하던 기존의 생활방식을 완전히 버린 채 말에서 내려 걸은 것입니다.

불교 경전에서 출가를 표현하는 말인 '집에서 집 없는 곳으로' '가출' 해서 수행자들처럼 밥은 민가에서 빌어먹고, 잠은 숲 속의 한데서 잤습니다. 발은 퉁퉁 붓고 피가 나고 몸은 먼지로 뒤덮였다고 상가공동체 규율 모음집(律藏)인 『비나야삐따까(Vinayapitaka)』는 전하고 있습니다. (전재성 역주, 『비나야삐따까』, 한국빠알리성전협회)

결국 붓다는 팔경법(八敬法)이라는 여덟 가지 조건을 붙여 여성 출가자를 받아들입니다. 당시 북인도 사회에 혁명과도 같은 충격을 준 일대 사건이었습니다. 비구니 교단의 성립 배경입니다. 고따미는 최초의 여성 출가자가 되었습니다.

우리나라에도 비구니 교단이 있고, 걷기명상을 열심히 하고 있습니다. 그런데 21세기인 지금의 동남아에는 붓다 시대와 같은 비구니 교단이 없습니다. 미얀마와 태국에서는 아예 여성의 출가 자체를 받아주지 않습니다. 걷기는 모든 나라의 모든 사람들이 하고 있지만, 종교로서의 불교는 그 나라의 역사와 문화, 시대에 따라 다양한 모습으로 변형됩니다.

붓다는 맨발 걷기명상을 즐겨 했습니다. 탁발 공양하러 마을로 갈 때도, 오늘날 한국의 절에 해당하는 승원에서 걷기명상을 할 때도 맨발로 걸었습니다. 붓다는 승원에서는 신발을 신지 말고 맨발로 걸으라고 훈계하고, 승원 내 맨발 걷기를 비구와 비구니의 중요한 계율 가운데 하나로 정하기까지 했습니다.

붓다는 진리를 깨우치기 위해서는 스스로 체험해 보아야 한다고 늘 강조했습니다. 붓다는 자신의 피난처는 오직 자기 자신과 진리뿐이라고 가르쳤습니다.

걷기명상은 대리 운전기사에게 맡겨 섬과 피난처라는 목적지로 가는 그런 성질의 것이 결코 아닙니다. 오직 스스로 제 발로 걷고 제 몸으로 호흡해서 나 자신을 섬과 피난처로 삼아 탐진치를 버린 삶을 더불어 함께 살아가는 거북이걸음입니다.

전국의 시군과 대도시에는 거의 대부분 둘레길이 있고, 걷기명상을 할 수 있는 곳이 많습니다. 어지간한 중소도시에서도 찾아보면 집 주위에 걷기명상을 할 수 있는 작은 공원이나 숲은 많습니다.

이 책에서 자주 언급하고 있는 마곡사의 백범명상길은 유명 연예인들이 머물러 널리 알려진 템플스테이, 선 수행처인 무문관 가는 길 등을 포함해 사찰 일대 숲길 거의 모두가 걷기명상의 명소입니다. 2024년 현재 주지 소임을 맡고 있는 원경 스님도 하루도 빠짐없이 매일 아침 공양 뒤에는 걷기명상을 하고 있습니다.

둘레길의 원조인 제주 올레길은 언론인 서명숙이 민간 차원에서 조성하기 시작한 걷기 여행길입니다. 2007년 제1코스 개장을 시작으로 총 길이만 무려 437km에 달합니다. 이제는 스페인의 '엘 까미노'만큼이나 전세계에 널리 알려져 수많은 사람들이 제주도의 오름과 마을과 숲길을 걷습니다.

그 중에서도 제주 '책방올레'는 제주도에 있는 67개의 책방을 걷기여행 하는 길입니다. 작은 책방들이 67개나 있다는 것도 놀랍지만, 맛집과 카페의 이미지, 동영상을 중심으로 찰나에 소비되는 수많은 SNS 홍수속에서 삶의 법문을 생각하는 마음의 길을 함께 나눌 수 있다는 것이 더 놀랍습니다.

짧은 구간이라도 느릿느릿 책방에서 책방으로 걷기명상하는 즐거움을 누려 보십시오. 마음과 생각의 모든 짐과 때를 내려놓고, 바닷바람과 함께 붓다와 예수의 법문, 마음의 평화를 들어오게 하는 소중한 경험을 할 수 있을 것입니다.

우리나라에는 어디든 인근 산 속에 법정 스님의 인연이 깃들어 있는 서울 길상사 같은 절이 있습니다. 조계종 25개 교구 본사와 말사에는 어디든 길상사 숲길처럼 걷기명상하기 좋은 숲길이 있습니다. 부산 범어사의 범어천 누리길, 구례 화엄사에서 연기암까지의 어머니 길, 조계산 송광사에서 고창 선운사까지의 굴목이재길 등 한두 군데가 아닙니다.

태고종의 27개 지역 교구 본사와 말사, 천태종의 구인사와 말사 등에도 좋은 숲길이 도처에 널려 있습니다.

2013년 5월 틱낫한 스님이 4박 5일 동안 직접 걷기명상을 지도했던 월정사의 천년 숲길과 선재길은 사람들에게 특별한 인상을 심어주었습니다. 틱낫한 스님은 오대산 월정사 일원을 명상수행하기에 최적의 조건을 갖춘 곳이라고 극찬한 바도 있습니다.

월정사 정념 주지 스님은 직접 플럼빌리지를 방문하여 틱낫한 스님과 대화하며 그곳의 다양한 명상 프로그램과 운영을 체험하고 조사했습니다. 그리고 미얀마의 마하시 수도원과 미국의 명상센터들을 두루 돌아보며 명상센터 운영을 살펴본 뒤, 2018년 5월 '오대산 자연명상마을' 문을 엽니다.

월정사는 단기출가학교, 문수 청소년 명상캠프 등과 더불어 명상의 대중화를 실천하는 사찰로 자리 잡고 있는 중입니다.

빌딩 숲이 무성하게 서 있는 서울 강남 한복판의 천년 사찰 봉은사에도 실제 나무가 우거진, 느릿느릿 걷기명상 하기 좋은 숲길이 있습니다. 2021년 봉은사 주지 원명 스님과 강남구청이 50여 년 동안 경기고와의 경계였던 철조망을 걷어내고 조성한 명상 숲길입니다. 걷기명상 길에서는 청호선사 공덕비도 만날 수 있습니다.

　1925년 을축대홍수 때 서울은 절반이 물에 잠깁니다. 남대문 앞까지 물이 찼다고 합니다. 그때 봉은사 주지 청호 스님은 거센 급류에 어떤 뱃사공도 나서지 않을 때, 허겁지겁 봉은사 살림을 털어 거액을 주고 배를 구해 지금의 송파 일대와 잠실에 고립돼 죽기 일보 직전이었던 주민 704명을 구해냅니다. 한 문장으로는 실감이 가지 않는, 생사를 오가는 긴박한 이야기는 찾아보시기 바랍니다.
　기독교 신자인 월남 이상재는 "반야의 거룩한 배 가는 곳마다 중생들 다 같이 살아나네."라고 찬사를 보냈습니다.

　맨발이 돌부리를 만났습니다. 저절로 무릎이 주저앉습니다. 약간의 통증이 밀려오고 정신이 번쩍 듭니다.
　그래도 느낌은 상쾌합니다. 통증도 스승입니다.
　나는 내 삶의 운전기사입니다. 거센 홍수에 떠밀려 익사하지 않을 수 있는 유일한 삼각주 섬이자 피난처는 내 몸과 마음뿐입니다.

　내 맨발은 다시 다음 정거장을 향해 허공으로 들어올려집니다.　☀

16. 의지할 곳은 내 몸과 마음뿐

몸과 마음이야말로 내 삶의 의지처입니다.

내 몸과 마음의 느낌과 생각, 분별심과 접촉, 알아차림과 고요한 집중이 없으면 우리는 아무것도 인식할 수 없습니다. 깨달음도 없습니다.

붓다는 여러 번 제자들에게 말합니다. 오직 자기 자신과 법만을 피난처로 삼아 의지해야 한다고 강조합니다.

아난다여, 이와 같이 수행승은 자신을 섬으로 삼고 자신을 피난처로 삼지 다른 것을 피난처로 삼지 않고, 가르침을 섬으로 삼고 가르침을 피난처로 삼지 다른 것을 피난처로 삼지 않는다. 아난다여, 지금이든 내가 멸도한 뒤에든 아난다여, 어떠한 수행승들이라도 자신을 섬으로 삼고 자신을 피난처로 삼지 다른 것을 피난처로 삼지 말고, 가르침을 섬으로 삼고 가르침을 피난처로 삼지 다른 것을 피난처로 삼지 않는다면 아난다여, 나에게 그 수행승들은 누구이든 배우고자 열망하는 자들 가운데 최상의 존재들이 될 것이다. (전재성 역주, 『디가니까야』, 「완전한 열반의 큰 경」)

아난다는 붓다의 사촌 동생으로 붓다가 고향을 방문했을 때 붓다를 따라 출가했습니다. 붓다의 10대 제자 중 하나로 기억력이 비상하게 좋아 한 번 들은 것은 잊어버리지 않는다고 해서 다문제일(多聞第一)이라고 불렸습니다.

붓다 입멸 뒤 제1차 결집 당시 붓다의 법문을 아난다가 '이와 같이 나는 들었습니다. 여래께서 어디에서 누구에게 이런 가르침을 베풀었습니다' 하는 식으로 암송합니다. 다른 제자들이 이를 꼼꼼히 확인하는 절차를 거쳐 모든 대중이 동의하면 하나의 경으로 확정합니다. 경전이 '이와 같이 나는 들었다(如是我聞)'로 시작하는 것은 이런 경전 결집의 과정이 있었기 때문입니다. 지금 여기 우리가 보고 듣는 5부 니까야와 율장, 붓다 가르침의 현존은 아난다의 뛰어난 기억력 덕분이기도 합니다.

아난다는 붓다가 55세가 되던 해부터 25년 동안 붓다 옆에서 붓다를 모신 비서실장이었습니다. 성격이 부드럽고 자상한데다 얼굴도 잘 생겨서 여자와 관련된 구설수가 경전에 기록되어 있을 정도입니다. (전재성 역주, 『쌍윳따니까야』, 「수행녀 처소의 경」, 「가사의 경」)

고따미가 출가할 당시 출가를 허락하지 않는 붓다를 설득해 비구니 교단의 성립에 큰 역할을 한 사람도 아난다입니다.

아난다는 역시 붓다의 사촌 동생으로 함께 출가한 아누룻다와 붓다 열반을 옆에서 지켜보았습니다. 아누룻다는 수행 중 시력을 잃었는데, 그럼에도 일반 사람들이 볼 수 없는 사람의 일을 보는 능력이 있어 천안제일(天眼第一)이라고 불렸습니다. 뒤늦게 마하 깟싸빠가 도착해서 10대 제자 중 3명이 붓다 다비식을 진행합니다.

아난다는 붓다가 완전한 열반에 들어가려고 하자 방으로 들어가 문짝을 붙잡고 대성통곡합니다. 이를 전해 듣고 붓다는 아난다를 불러 슬퍼하지 말고 비탄하지 말라고 훈계하면서도 그동안 자신을 보필했던 아난다를 위로합니다. 그리고 전심전력으로 정진해서 아라한이 되라고 당부합니다.

사실 아난다는 희로애락을 완전히 없앤 아라한의 경지까지는 이르지 못했습니다. 그래서 아라한들만 모이는 1차 결집에 참석할 수 없었습니다. 붓다 다비식이 끝나고 마하 깟싸빠의 지도로 아난다는 붓다의 유훈을 새겨 오직 자신을 유일한 섬과 의지처로 삼아 잠도 자지 않고 걷기명상을 하면서 전심전력 수행에 정진합니다. 그러다 지친 몸을 이끌고 방으로 돌아와 침대에 걸터앉는 순간 깨달음을 얻습니다. 경전은 아난다의 깨달음이 1차 결집 당일이었다고 전합니다.

혜능(惠能) 대사가 제자인 지상(智常)의 질문에 이렇게 답합니다.

승(乘)이란 것은 실행한다는 의미이지 입으로 논쟁하는 것이 아니다. 자네는 자네 스스로가 수행해야 한다. 나한테 물어서는 안 된다. 언제 어떠할 때라도 자기 본성은 있는 그대로의 진실인 것. (나카가와 다카 주해, 『육조단경』, 김영사)

법등명(法燈明) 자등명(自燈明)이란 번역도 좋은 말이긴 합니다. 붓다가 말한 빠알리어 섬(dipa)은 동시에 등이라는 뜻도 있습니다. 중국과 서구에서 이 말을 번역할 때 일부에서는 섬을 등으로 번역했습니다.
그러나 서구에서 등이라고 번역한 까닭에는 무아론의 붓다 가르침과 달리 서구 이원론의 영향으로 번역자들이 영구불변하는 자아를 상정했기 때문이라는 의견은 새겨들어야 할 지적입니다.

오직 내 몸과 마음을 의지처로 걷기명상을 시작한 지 시간이 꽤 지났습니다. 생각의 솟구침 없이 발의 느낌과 들숨날숨을 알아차림에만 몰입하는 시간이 더디지만 아주 조금씩 조금씩 점점 길어집니다. 처음에는 답답하고 왜 나는 이렇게 생각을 통제하지 못할까 초조하고 자신을 질책하기도 합니다. 그러다 곧 그런 생각이야말로 자아를 내세우는 아상(我相)임을 알아차림 합니다.

알아차림을 지속하는 시간이 10초에서 30초, 1분으로 늘어나는 데도 시간이 오래 걸립니다. 그만큼 생각의 질주와 관성, 폭주는 거셉니다. 이윽고 5분이 넘어가고 10분을 넘깁니다. 그것만 해도 기쁨이 샘솟습니다. 이삼십 분을 알아차림에 몰입할 수 있게 되자 이제는 자신감이 생깁니다.

몰입을 하기 위해서는 가능하면 사람이 거의 없는 고요한 시간, 한적한 곳에서 걷기명상을 하는 것이 좋습니다. 훈련과 수행이 덜 익었을 때 사람을 마주치면 그 즉시 몰입이 깨지기 쉽습니다. 그때도 다만 사람이 오고 있구나 가고 있구나 다시 알아차림 하고 걷기명상을 계속합니다.

걷기명상의 장소는 대도시에서도 손쉽게 찾을 수 있습니다. 평탄한 숲길이나 작은 공원의 길 20~30m 정도면 충분합니다. 그 사이를 천천히 왔다 갔다 여러 번 반복합니다. 비가 오거나 눈이 오거나 너무 덥거나 너무 춥거나 하면 방안에서 합니다.

인근에 절이 있거나 학교가 있으면 새벽 시간에는 그 곳이 안성맞춤입니다.

왼발의 발바닥이 땅에 닿습니다. 발뒤꿈치부터 이윽고 발가락까지 발바닥 전체가 땅에 머무릅니다. 지금 여기 이 순간이 다름 아닌 내 존재의 정거장입니다. 기적 같은 이 지구별 행성에 잠시 머물다 가는 나의 하나뿐인 임시 의지처입니다. 이곳이 없으면 내 존재는 서 있지도 못하고 나도 살아있을 수 없습니다.

발걸음 하나하나의 발바닥과 땅이 내 삶의 의지처입니다.
오른발이 움직여 허공에 뜹니다. 이번에는 오른발 발바닥 전체가 땅에 닿습니다. 나의 온몸이 체중을 실어 다시 새로운 정거장으로 내려옵니다. 나는 낯설지만 익숙한 두 번째 의지처에 내 삶을 맡깁니다.

지금 여기 이 순간의 의지처는 온전히 내 몸과 마음뿐입니다. ☀

17. 24시간 빛나는 삶

많은 사람들이 몸을 건강하게 하기 위해 걷습니다. 다리 근육을 튼튼하게 키워 쉽게 넘어지지 않고 부상당하지 않기 위해 걷습니다. 사람의 근육은 쓰면 쓸수록 강해집니다.

몸과 마음이 하나라는 사실은 이제 수많은 뇌과학과 신경정신의학 임상 보고서를 읽지 않아도 상식으로 통합니다. 육체와 영혼, 몸과 마음이 따로따로 존재한다는 서구 이원론은 양자역학과 뇌과학, 신경정신의학의 발달과 함께 이미 설 자리를 잃었습니다.

화를 내면 우리 몸 안에서는 스트레스 호르몬으로 알려진 아드레날린이나 코르티솔 등이 분비됩니다. 코르티솔은 짧은 순간 급격하게 증가하면 독성물질이 되어 뇌세포를 파괴합니다. 혈압도 올라가 혈관 응고물질이 분출되고 심장병도 유발합니다. 욱하고 화를 내다 뇌출혈로 쓰러지는 사람들을 주위에서 심심찮게 보았을 것입니다.

화를 다스리는 가장 좋은 방법은 화를 알아차리고 들숨날숨에 마음을 기울여 주시하는 호흡명상입니다. 화가 일어나는 시공간이 어디든, 앉아 있거나 서 있거나 걷고 있거나 누워있거나 그냥 거기서 천천히 깊게 숨을 들이마시고 천천히 숨을 내쉽니다. 1초면 됩니다.

내가 왜 화를 내는지 그 원인을 애써 따지고 분별하려 하지 말고 그냥 있는 그대로 화를 단지 알아차리고 있는 그대로 바라보기만 합니다. 접촉에서 일어난 뇌세포의 성냄이라는 연결망을 활성화시키지 말고 그냥 편안하게 쉬게 해줍니다. 그러면 화는 저절로 스르르 가라앉고 맙니다.

어떤 경우에도 화에 쉽게 마음을 점령당하지 않고 화에 발이 걸려 넘어가지 않을 수 있는 힘은 호흡명상을 통해 길러집니다. 마음도 튼튼한 마음 근육을 키워 놓아야 건강한 마음을 유지하고 관리할 수 있습니다.

화뿐만이 아닙니다. 욕망, 고통, 슬픔, 고뇌, 우울 등 일어나는 모든 감정이 다 마찬가지입니다.

훈련은 가르치고 익힌다는 뜻입니다. 수행은 닦고 실행한다는 뜻입니다. 걷기명상은 마음을 가르치고 익히고 닦고 실행하는 거북이걸음입니다.

뇌신경망은 가소성(可塑性)이 있습니다. 뇌의 뉴런 네트워크는 고정되어 있지 않고 학습이나 외부 환경에 따라 바뀝니다.

걷기명상은 뇌의 회로를 확 바꾸어 줍니다. 우리 뇌의 신경세포망은 마음을 바꾸고 행동을 바꾸면 완전히 뒤바꿀 수 있습니다.

마음 근육을 키우는 걷기명상 수행 또한 근육 강화 훈련과 마찬가지로 매일매일 꾸준하게 하는 것이 제일 중요합니다. 매일매일 조금씩 뇌의 회로를 바꾸고 삶을 바꿀 수 있습니다. 거북이처럼 느리게 걸어도 그런 끈기 있는 실천이 마음 근육을 키우는 제일 빠른 지름길입니다.

우리의 일상생활은 습관이 지배합니다. 매일매일이 비슷합니다. 오늘의 생활은 어제와 거의 비슷하고 매일매일이 반복됩니다. 우리의 몸도 매일매일이 비슷합니다.

그러나 등산과 산책을 아무리 열심히 해도 우리 몸은 나이가 들면서 서서히 기력이 떨어지고 천천히 쇠퇴합니다. 그리고 병이 들고 죽음을 맞이하게 됩니다. 무상의 이치는 어느 누구도 피해갈 수 없습니다.

이와 달리 걷기명상은 마음을 바꾸는 의도된 변화입니다. 오늘의 일상을 어제의 일상과 완전히 다르게 의지로써 바꾸는 전환입니다. 습관화된 기존의 생활을 완전히 뒤바꾸는 청정 생활혁명입니다. 감정을 조절하고 충동과 성냄을 통제할 줄 아는 전혀 다른 사람으로 나를 바꾸는 정권교체입니다. 졸고 있던 삶을 집중력과 끈기를 키워 깨어있는 삶으로 일으켜 세우는 고요하고 맑고 투명한 직립의 특이점입니다.

무엇보다도 걷기명상은 생과 사에서 벗어나 '죽음 없음'의 길을 활짝 열어줍니다. 개벽 세상으로의 삶의 길을 밝게 비춰줍니다.

24시간 걷기명상은 마음을 24시간 빛이 나게 합니다. 24시간 삶을 빛이 나게 합니다.

붓다와 예수는 빛이 났습니다. 붓다와 예수의 동상은 머리 뒤에 배광(背光), 후광(後光)으로 이를 형상화 해놓았습니다. 불광(佛光), 원광(圓光)이라고도 합니다. 붓다의 제자들과 예수의 제자들도 빛이 났습니다.

숲길에서 옅은 미소를 띄우고 천천히 느리고 고요하게 걷기명상을 누리는 사람은 빛이 납니다. 그렇게 보면 그렇게 보입니다.

걷기명상은 일상생활을 하면서 알아차림과 호흡명상을 할 수 있는 가장 좋은 방법입니다. 다리 근육뿐만 아니라 마음의 근육도 길러주고 오늘 여기 현존의 삶도 되찾아주는 일석삼조의 호흡명상입니다.

비구들이여, 다음으로 비구는 갈 때는 '나는 가고 있다'라고 알아차리고, 서 있을 때는 '나는 서 있다'라고 알아차리고, 앉아 있을 때는 '나는 앉아 있다'라고 알아차리고, 누워 있을 때는 '나는 누워 있다'라고 알아차린다오...

나아가고 물러갈 때 알아차리고, 바라보고 돌아볼 때 알아차리고, 구부리고 펼 때 알아차리고, 가사와 발우와 승복을 지닐 때 알아차리고, 먹고 마시고 씹고 맛볼 때 알아차리고, 대소변을 볼 때 알아차리고, 가고 서고 자고 깨고, 말하고 침묵할 때 알아차린다오. (이중표 역해, 『맛지마니까야』, 「몸의 주의집중경」)

한 마디로 붓다는 하루 24시간 내내 지금 여기에서 깨어나 이렇게 행주좌와(行住坐臥) 어묵동정(語默動靜) 알아차림 수행을 하면 마음이 멈추고, 안정되고, 통일되고, 집중된다고 가르치고 있습니다.

우리는 하루 온종일 24시간 호흡합니다. 내일의 호흡을 앞당겨 오늘 할 수는 없습니다. 어제의 호흡을 오늘 할 수도 없습니다. 호흡은 오직 지금 여기 이 순간의 들숨날숨 뿐입니다. 호흡은 지금 여기의 깨어남, 현존의 삶을 가능케 하는 유일한 근원이자 원천입니다.

우리는 매 순간 내 행동을 알고(sampajana, 知, 自覺, 분명한 앎), 알아차림(sati) 하면서 들숨날숨 호흡명상을 할 수 있습니다. 일상생활의 모든 순간을 명상으로 바꿀 수 있습니다. 일상생활 모든 순간을 현존의 기적과 기쁨을 누리는 삶으로 탈바꿈시킬 수 있습니다.

이렇게 알고 살피고 알아차리면서 호흡을 하면 호흡은 저절로 고요해지고 느려지며 심장 박동 수도 느려집니다. 우리의 뇌도 안정되면서 몸과 마음이 편안해집니다.

국자는 국 맛을 모르고 밥그릇은 밥맛을 모릅니다. 어리석은 마음은 국자나 밥그릇처럼 진리의 말씀을 들어도 진리를 맛보고 알고 깨닫지 못합니다. 그러나 깨어있는 마음은 혀가 국 맛과 밥맛을 알아차림 하듯 진리의 말씀을 들으면 진리를 깨닫습니다. 깨어있으면 지금 여기의 모든 순간이 붓다의 법문입니다.

걷기명상을 시작하고 시간이 지나면 지날수록 우선 나를 잘 아는 가족과 주위의 지인들부터 무언가 내가 변하고 있다는 사실을 알아차립니다. 무엇보다도 이전에 벌컥벌컥 내던 화를 내지 않는다고 이구동성으로 말하는 것을 경험할 수 있습니다. 말수도 눈에 띄게 줄어들고, 다른 사람을 비판하거나 시비 거는 논쟁의 언어도 점점 사라집니다. 거짓말을 하거나 이간질을 하거나 욕을 하거나 쓸데없는 잡담을 하지 않고 차라리 침묵합니다.

걷기명상으로 마음의 평화를 얻은 사람은 점점 고요해지고, 내 몸과 마음, 가족과 친구, 세상에 대해 점점 직관과 통찰력이 생기는 것을 스스로 알 수 있습니다.

욕심도 점점 줄어듭니다. 무엇인가에 빠져 집착하던 매니아가 그런 일 자체를 시들해 합니다. 탐닉과 집착에서 벗어나 그런 애착 자체를 놓아 버리는 사람으로 변합니다.

억대 연봉의 직업도 미련 없이 과감하게 내던지고, 내 시간을 많이 가질 수 있고 이른바 '소확행'을 할 수 있는 직업으로 바꿉니다. 소확행이란 '소소하지만 확실한 행복'의 줄임말로 일본의 소설가 무라카미 하루키가 유행시킨 말입니다.

팝송으로 유명해진 욜로(you only live once)나 까르페 디엠(carpe diem, 오늘을 즐겨라), 메멘토 모리(memento mori, 네가 죽는다는 사실을 기억하라) 등도 이런 변화를 설명하는 일맥상통의 말들입니다. 프랑스인들의 오캄(au calme), 스웨덴 사람들의 라곰(lagom)도 마찬가지입니다.

심지어는 아예 귀농 귀촌 하기도 합니다.

그렇습니다. 어느 틈에 나는 변했습니다. 화를 알아차리고 주시하는 훈련을 하면 할수록 화를 내지 않게 됩니다. 화를 잘 돌보는 사람이 되고, 욕설이나 거짓말도 잘 다스리는 사람이 됩니다. 알아차린다는 것은 지금 여기 이 순간의 내 삶을 지극정성으로 돌보는 삶입니다.

탐진치를 비우면 속이 텅 빈 사람, 다른 사람들이 보기에는 '생각' 없이 사는 사람으로 점점 변해갑니다.

우리는 흔히 걷고 서고 앉고 눕고, 설거지하고 방 청소하고 빨래하고 전등을 갈고 하는 일상생활의 소소한 일들을 하찮게 여기거나 시간 낭비로 생각하는 경향이 있습니다. 청소부 임금도 대체로 최저 수준입니다. 시간이 돈이라는 생각이, 육체노동을 천시하는 세계관이 부지불식간에 그렇게 만들었습니다.

그러나 지금 여기 방을 청소하고 그릇을 씻는 일이야말로 내 삶에서 가장 중요한 일입니다. 걷고 서고 앉고 눕고 자는 일이야말로 오늘 내가 하는 일 가운데 가장 중요한 일입니다. 온 마음과 몸을 다 기울여 열심히 해야 하는 일입니다. 그게 지금 여기 내 삶의 가장 빛나는 일이고 중요한 현존입니다.

걷기명상에서 시작해서 깨달음을 실천하는 보시행의 수많은 붓다 이야기까지 매일매일 매 순간이 깨어있는 기쁨입니다.

천천히 앞으로 나아가는 느리디 느린 진전이 걷기명상의 진정한 기쁨입니다.

오늘도 임신한 거북이의 한 걸음을 온전히 걷습니다. ☀

18. 차 명상

원혜 스님이 자그마한 다기 찻잔에 쑥차를 따라 놓습니다. 방석에 앉아 있는 사람들은 스님이 쑥차 달이는 과정을 일거수일투족 주의 깊게 지켜보았습니다. 다례 현장을 처음 보는 분들입니다.

물을 끓이고, 다기 주전자와 찻잔에 일일이 뜨거운 물을 부어 데우고, 주전자에서 첫 번째 우려낸 쑥차는 다탁(茶卓) 아래로 부어 따로 모으고, 찻잔에 한 잔 한 잔 정성스레 쑥차를 따르기까지 시간이 꽤 걸립니다.

스님이 말문을 엽니다. 이 쑥차는 근처 마을에 사는 한선희, 한동희 남매 분이 쑥을 직접 채취해서 15번이나 덖어 만든 귀중한 차입니다. 쑥차를 마시기 전에 한 번 향기를 직접 맡아 보십시오. 그리고 차를 마시기 전에 들숨날숨 호흡을 한 다음 차를 마시도록 합시다.

5월의 일요일 아침 7시. 해가 벌써 무성산 위로 솟구쳐 오른 지 오래입니다. 오늘은 처음 보는 몇 사람과 함께 태화산 화림산방에서 원혜 스님의 차 명상 법문을 듣습니다. 재가 신도 한 분이 자신의 밴드 회원 몇몇이 꼭 원혜 스님의 법문을 듣고 싶다고 간청해서 이루어진 차명상 시간입니다.

명상을 한 번도 해보지 않은 사람들입니다. 스님이 들숨날숨 호흡하는 법을 쉽고 간결하게 설명해 줍니다. 호흡명상은 코를 만지는 것 만큼이나 쉽다고 옛 선사분들이 말씀하셨지만 그러나 심오한 내용이 있는 것이라고 스님이 말합니다. 그러면서 평가부좌나 반가부좌로 앉는 자세부터 설명합니다. 다들 허리를 곧추세우고 자세를 고쳐 앉습니다.

스님은 왜 멈춤과 마음 내려놓기를 해야 하는지, 생각과 마음을 멈추고 내려놓으려면 어떻게 들숨날숨 호흡을 알아차림 해야 하는지 차근차근 가르쳐 줍니다.

스님이 말합니다. 어릴 때부터 지금까지 교육받았던 모든 기존 관념과 이데올로기, 생각들을 내려놓고 마음을 비우는 것이 호흡명상입니다. 그래야 고통에서 벗어날 수 있고, 지금 여기 이 순간의 삶, 우리 자신의 본디 삶을 살 수 있습니다. 자, 잠시 들숨날숨 호흡을 알아차림 해 봅시다.

스님의 말에 따라 눈을 감고 들숨날숨 호흡의 알아차림 실전으로 들어갑니다.

잠시 들숨날숨 호흡을 하고 있는데, 다시 스님의 법문이 들립니다. 이 쑥은 어디서 왔을까요. 쑥의 씨는 또 어디서 왔을까요. 쑥 차의 이 물은 어디서 왔을까요. 지하수는 어디서 왔고 비는 어디서 왔고 구름은 어디서 왔을까요. 이 찻잔은 어디서 왔을까요. 흙은 어디서 왔을까요. 이 지구별 행성은 어디서 왔을까요.

이 찻잔 속에서 우리는 흙과 노동자들의 땀과 불과 물과 삼라만상 모든 생명체와 비생명체들, 지구별 행성과 온 우주까지 볼 수 있습니다.

갑자기 청아한 종소리가 깊게 울리고 여운이 이어집니다. 스님의 목소리가 들립니다. 종소리가 들리는구나 하고 소리를 알아차림 합니다.

이윽고 눈을 뜬 다음 차를 마십니다. 참석자 분들이 이런저런 질문을 하면 원혜 스님은 간결하고 쉽게 답을 줍니다. 즉문즉설입니다. 스님이 일상생활의 모든 순간에 호흡명상을 할 수 있다고 여러 번 강조하십니다. 지금 여기의 삶을 살기 위해 노력하라고 권고하는 것으로 2시간에 걸친 차명상을 끝냅니다.

참석자들이 여러 번 합장을 하며 스님께 인사드리고 내려갑니다.

걷기명상은 붓다에 귀의해 불교도가 되기 위한 종교 행위가 아닙니다.

오직 나 자신만을 의지해서 붓다의 가르침에 귀의해 깨달은 자 붓다가 되고자 하는 마음 수행입니다. 죽음의 공포와 삶의 고통에서 벗어나 행복한 삶을 살기 위한 걷기입니다. 이름과 개념 속에 갇힌 삶을 벗어나 지금 여기 이 순간 기적의 삶을 생생하게 누리기 위한 진정한 현존의 자각이자 기쁨의 체험, 지구별 여행입니다.

따지고 보면 언어로 구성된 색수상행식의 다섯 덩어리도 기적입니다. 온갖 번뇌 망상과 탐진치의 마음도 기적입니다.

삶의 고통은 이런 기적이 기적임을 알아차리지 못하기 때문에 일어납니다. 우리의 고통은 세상의 무상을 잊고 갈애라는 불길 속으로 뛰어들었기 때문에 생깁니다. 붓다는 이것을 '본디 모름', 무명이라고 이름 붙였습니다.

붓다는 왕이 되어 세상을 바꿀 수도 있었습니다. 무력을 길러 힘으로 작은 국가들을 정복해 전쟁을 없애고 중생들의 고통을 구원할 수도 있었습니다.

그러나 붓다는 그렇게 한다고 해서 생사의 고통이 해결되거나 중생의 고통이 근원에서부터 사라지지는 않는다는 사실을 너무도 잘 알았습니다.

붓다의 깨달음은 정치혁명이나 사회혁명 이전에 마음 혁명입니다. 붓다 가르침대로 갈애를 버리고 탐진치를 소멸시키는 진리의 통찰이야말로 나부터 세계를 바꾸는 혁명의 출발점입니다. 갈애를 버리고 밝은 눈으로 끊임없이 변하는 '있는 그대로'의 내 몸과 마음, 세상을 보면 기적은 지금 여기 이 순간 현존하는 삶으로 체험할 수 있습니다.

우리나라에는 전국 도처에 세상을 구하기 위해 온다는 미륵불과 홍길동 설화가 구전으로 내려오고 있는 곳이 많습니다. 그만큼 조선 후기에 사람들은 억압과 착취에서 벗어나는 새로운 세상을 간절히 희망했습니다.

십승지 가운데 하나인 마곡사 인근 지역에도 다른 지역과 마찬가지로 홍길동 설화가 많습니다. 나발봉에서 서쪽으로 이어지는 봉우리에 사람을 살린다는 활인(活人)봉과 활인샘도 미륵불과 홍길동 설화가 깃든 이름입니다. 가파른 비탈도 있지만 평탄한 능선길도 제법 깁니다.

걷기명상, 호흡명상은 개인과 사회를 소생시키는 활인샘, 활인봉입니다.

차명상을 끝내고 나발봉에서 활인봉까지 먼 거리를 천천히 걷기로 마음 먹었습니다. 오늘 걷기명상은 오직 기적만을 느끼고 알아차림하고 주의 집중해서 걷습니다.

네란자라 강의 보리수나무 아래에서 깨달음을 얻은 붓다가 다섯 수행자를 찾아 걸어간 거리는 거의 3백여 km에 달합니다. 보리수나무 아래에서 일어나 바라나시까지 걸어갈 때의 붓다처럼 천천히 깨어있는 발걸음을 옮깁니다.

　　나는 걷습니다. 세상이 걷습니다.　☀

사진 민종덕

19. 스마트폰 끄기, 내 삶의 전원 켜기

스마트폰 전원을 끄고 서랍에 넣습니다. 처음에는 불안합니다. 급한 연락이 올 것만 같습니다. 요양병원에 들어가 있는 친척 분의 부고가 올지도 모른다는 불안감이 스멀스멀 피어오릅니다. 금단 증상입니다.

심호흡을 몇 번 하고 방 안에서 천천히 걷기명상을 합니다. 발바닥 느낌을 알아차립니다. 이윽고 불안감은 씻은 듯이 사라지고 편안한 안도감이 퍼집니다. 오히려 스마트폰 끄기를 결단한 나 자신이 고맙습니다.

빅테크 기업들의 가두리 양식장에서 탈출한 바다거북이의 걸음입니다. 해방의 걸음이자 자유의 걸음입니다.

직장에서 일을 할 때도 대화할 때도 일과 대화를 알아차림 하면서 호흡을 주시합니다.

회의를 하거나 대화할 때는 회의 참가자나 상대방의 동의를 구하고 스마트폰을 끕니다. 그래야 상대방의 말을 경청하고 대화에 집중할 수 있습니다. 그래야 업무 효율성도 높아집니다. 그래야 회의 참가자들이나 대화 상대와의 신뢰 관계가 더 깊어질 수 있습니다.

디지털 미디어의 발달과 함께 사회관계망 서비스(SNS)의 실시간 알림 소리가 집중을 어렵게 합니다. 흔히 멀티태스킹을 한다고 하지만 그건 착각입니다. 우리의 생각은 동시에 몇 개의 생각에 집중하지 못합니다. 대화 중에 잠깐 스마트폰의 문자를 본다면 그 순간 상대방이 말한 내용은 듣지 못합니다.

오늘날 디지털 경제 체제에서 빅테크 기업들에게 인간은 그냥 데이터 상품일 뿐입니다.

지금은 많은 사람들에게 알려져 있지만 우리는 자신도 모르는 사이에 매일매일 경매당하면서 살고 있습니다. 내가 스마트폰으로 SNS에 접속하거나 배달음식을 시켜 먹는 순간 나의 모든 이메일, 생활용품 구매기록, 최근 거래 내역 등의 개인정보는 실시간으로 광고업체에 공유되고 경매(RTB, Real Time Bidding)됩니다. 그리고 가장 높은 가격으로 내 정보를 산 광고업체의 광고가 내 스마트폰에 실시간으로 뜹니다. 표적광고입니다.

인공지능의 알고리즘이 순식간에, 그야말로 눈 깜빡할 사이에 이런 일을 할 수 있기 때문에 가능한 '멋진 신세계'입니다.

지금 당장 '엘리의 데이터 경매'를 검색해보시면 금방 확인할 수 있습니다.

2021년 미국에서는 매일 2,940억 회, 유럽에서는 1,970억 회 실시간 경매가 이루어졌습니다. 한 사람 당 평균 개인정보 누출이 미국은 매일 747회, 유럽은 376회에 달합니다. 2022년 페이스북을 운영하는 메타 총 수익의 97%, 구글 총수익의 81%가 디지털 광고에서 나왔습니다.

스마트폰은 빅테크 기업들이 이용자의 일거수일투족을 발가벗겨 들여다보게 만드는 '도촬(盜撮)' CCTV와 같습니다.

2004년 2월 세계 최초의 SNS 서비스 페이스북이 선을 보였습니다. 페이스북은 12년이 지난 2016년 2월 좋아요 하나만 있던 감정 반응 버튼을 싫어요, 화나요 등 6개의 버튼으로 늘렸습니다. 문제는 좋아요 버튼에는 1점을, 화나요 버튼에는 5점을 주도록 알고리즘을 변경했다는 것입니다.

당시 페이스북 데이터 과학자들은 저커버그에게 이는 페이스북을 '화난 공간'으로 만들 것이라고 경고했다는 사실이 나중에 드러났습니다.

많은 분들이 알고 있지만, 이 사건은 인공지능의 알고리즘 버튼 하나가 얼마나 세상을 뒤바꿀 수 있는지 극명하게 보여주는 사례입니다. 페이스북은 실제 화난 공간으로 변했고, 지금도 그렇습니다. 대신 페이스북의 조회수(트래픽)는 급증했고, 저커버그의 수익은 천문학의 숫자로 급증했습니다.

이때부터 세계는 정당 간, 젠더 간, 세대 간, 인종 간, 지역 간 증오와 혐오가 점점 더 극단화되는 '극단의 세계'로 바뀝니다. 오늘날 우리는 매일매일 그 강도가 더욱 세지고 있는 화나요 유발 온갖 가짜뉴스의 홍수 사태, 트럼프의 대통령 경선, 전세계에서 벌어지고 있는 극단주의 정치세력의 득세 등을 목격하고 있습니다. 알고리즘에 의해 극단화된 혐오와 분열의 세계는 한국의 경우도 마찬가지입니다.

2021년 9월 월스트리트저널이 「페이스북 파일즈」라는 제목으로 페이스북 내부문건을 폭로합니다. 이에 따르면 페이스북의 알고리즘 변경 이후 유럽 정당들은 페이스북에 민주주의를 파괴할 수도 있다는 깊은 우려를 전달합니다. 개편 이후 정당들의 조회 수는 대폭 감소했습니다. 그래서 이전에 5:5였던 긍정 부정 게시물 비율을 2:8로 부정 게시물 비중을 대폭 올렸을 때 비로소 이전의 조회 수를 회복할 수 있었다는 것입니다.

2021년 10월 5일 페이스북의 내부고발자 프랜시스 하우겐은 미국 상원의 청문회에 출석해서 증언했습니다. 그녀는 페이스북의 "알고리즘은 사악하다"며, "페이스북은 아이들에게 직접 해를 끼치고, 사회의 분열을 조장하며, 민주주의를 위협하는 플랫폼"이라고 밝혔습니다. 페이스북은 문제를 해결할 방법을 알고 있지만, 사람들의 안전, 안위보다 오직 회사의 성장, 이윤을 최우선으로 고려하기 때문에 스스로 문제를 해결할 수 없다고까지 단언했습니다.

페이스북 최고경영자 마크 저커버그는 내부 직원들의 문제 제기에 페이스북 조회 수을 해치지 않는 선에서 개선하라고 지시했다고 합니다. 지금의 알고리즘을 바꾸지 않겠다는 말이었습니다. 저커버그는 2021년 10월 회사 이름만 메타로 변경했습니다.

사람들은 자신의 자유 의지로 콘텐츠를 본다고 생각하지만, 천만의 말씀입니다. 유튜브에서 재생되는 콘텐츠의 70%는 AI인 '유튜브 봇'의 추천 알고리즘에 의해 선택된 것입니다.

SNS는 SNS에 갇혀 세계를 인식하게 만드는 강한 중독성이 있으며, 사실(팩트)보다 주장과 의견을 더 중시하게 만들고 정상보다 비정상을, 상식보다 파격을, 중도보다 극단을 더 증폭시켜 분노-혐오 놀이가 기승을 부리도록 구조화되어 있습니다.

『소셜 딜레마』라는 다큐멘타리를 보신 분이 많을 것입니다. 이 다큐에 출현한 빅테크 기업의 SNS 개발자는 한 가지 중요한 사실을 환기시킵니다. 고객을 이용자(user)라고 부르는 것은 마약과 소프트웨어 사업뿐입니다.

실제로 SNS는 개발할 때부터 이용자들이 더 자주 더 많은 시간 동안 머무를 수 있게 중독 관련 호르몬인 도파민과 세로토닌 등이 과도하게 분비되도록 설계합니다. 즉, SNS에 중독되게 합니다. 이용자들은 알고리즘에 의해 가짜뉴스를 포함해서 특정 성향의 미디어와 정보에 더 자주 노출되고 이른바 확증편향을 통해 생각까지 조종당하게 됩니다.

사실상 우리는 거의 모두 도파민 중독자들입니다. 실리콘밸리의 개발자들은 대부분 자기 자식들에게는 성인이 될 때까지 디지털 기기를 주지 않습니다.

『소셜 딜레마』의 감독 제프 올롭스키는 우리는 자신도 모르게 악마의 거래를 받아들였다고 주장합니다. "우리는 이미 올더스 헉슬리의 '멋진 신세계'에 살고" 있으며 "그러나 멋진 신세계의 시민들과 달리 우리는 비참하다. 온라인 속에서 보내는 시간이 증가함에 따라 특히 젊은이들 사이에서 불안, 우울증, 자살률이 높아졌다"고 지적합니다. SNS는 "우리를 위해 만들어진 게 아니라 우리를 이용하기 위해 만들어졌다"고 강하게 비판합니다.(가디언 기고, 2020. 9. 27.)

『소셜 딜레마』의 메시지는 분명합니다. 매트릭스에 들어가도 이곳이 매트릭스라는 사실을 알아차려야 깨어날 수 있습니다. 수십억 명의 '트루먼 쇼' 트루먼들도 이곳이 현실이 아닌 스튜디오라는 것을 알아차려야 탈출할 수 있습니다.

우리는 이미 매트릭스에 살고 있으며, 트루먼 쇼의 주인공으로 살고 있습니다. 해야 할 일은 그저 깨어나는 것이고, 이 시대가 만든 뛰어나고 편리한 발전(?!), 인터넷 사회의 윤리를 고민하고 해결책을 실행해 나가야 합니다.

1995년 일찍이 인터넷 중독 현상을 밝혀내고, 인터넷 중독센터를 설립했던 미국의 심리학자 킴벌리 영 이후 수많은 과학자들이 입증한 명백한 사실은 알고리즘 중독은 현대사회의 가장 큰 질병 중 하나라는 것입니다. 디지털 플랫폼 산업은 마약과 똑같이 인간 뇌의 쾌락과 충동 조절 메커니즘을 무너뜨리고 금단이나 내성을 가져와 의존과 남용을 일으킵니다.

인간은 자신의 사회성을 SNS에 편리하고 손쉽게 외주화했습니다. 그 결과는 자신의 사회성 축소와 해체, 사람과 사람 사이의 직접 대면 연결 기피, 공감과 조화의 파괴로 귀결되었습니다.

챗GPT의 등장은 그동안 사람의 지능이 해왔던 거의 모든 일을 인공지능이 대체할 수 있다는 점을 확인시켜 주고 있습니다.

우리가 SNS 중독에서 채 깨어나기도 전에 인공지능에게 자신의 생각과 일까지 외주화하고 난 다음의 인간은 도대체 어떤 인간으로 살아갈 수 있을까요?

1946년 조지 오웰은 구소련의 전체주의 체제를 풍자한 소설 『동물농장』을 발표했습니다. 우리는 이미 빅테크 전체주의 체제 속에서 사육되고 있는 AI의 '인간동물농장' 노예들은 아닌지 진지하게 되돌아보지 않을 수 없습니다.

스마트폰을 꺼야 '지금 여기'가 켜집니다. 내 삶의 불이 비로소 켜집니다.

걷기명상의 거북이걸음을 알아차리고 누리는 사람이라면 지금 당장 스마트폰 전원을 꺼야 합니다. 최소한 아침에 일어나서 일을 시작하는 시간 이전까지는, 그리고 회의할 때나 대화할 때는, 그리고 일을 마친 저녁 시간 이후에는 스마트폰 전원을 끄고, 지금 여 내 삶의 현존과 가족이라는 전원을 켜야 합니다.

스마트폰을 끈 시간만이 지금 여기 내 삶의 현존입니다. 가능한 많은 시간을 스마트폰 전원 끄고 살기, 걷기명상의 지금 여기 내 삶입니다.

직장에서만 스마트폰 켜두기, 시간을 정해 가족과 SNS 소통하기, 그게 생활 속의 걷기명상입니다. ☀

20. 온몸으로 걷기를 배웠습니다

친구들이 찾아와 함께 맨발 걷기를 하기로 했습니다. 다들 죽음에 대해 여러 가지 생각들을 하고 있습니다. 모두 다 건강보험공단에 가서 연명치료 거부 의향서를 썼습니다. 유언장을 미리 써둔 친구도 있습니다. 많지는 않지만 유산의 일부를 봉사단체에 기부하겠다고 해 둔 친구도 있습니다.

군왕대 위 가파른 경사를 조금만 올라가면 범의 머리처럼 조금 불쑥 뭉쳐있는 봉우리가 나옵니다. 그곳을 내려가면 평탄한 솔숲길이 이어집니다. 백 년 넘은 소나무들의 솔향기가 짙습니다. 맨발 걷기명상 하기 딱 좋은 곳입니다.

손전화도 끄고 시계도 없이 시간 밖으로 나와 걷기명상을 하자고 제안합니다. 다들 고개를 끄덕입니다.

몇 마디 안내를 합니다. 우리는 호흡은 태어나 응애응애 울음을 터트리면서부터 배우지 않아도 아주 잘 하고, 들숨이건 날숨이건 멈추는 순간 죽는다는 사실 또한 잘 안다, 그러나 걷기는 모방하고 배우고 그리고 익혀야 한다, 걷기명상도 온몸의 느낌과 온 마음을 다하는 알아차림을 스스로 반복해서 연습해야 한다 등등등.

오늘은 우리들 손녀손자들이 배밀이부터 시작해서 첫걸음을 뗄 때 그 황홀해 하는 모습을 생각하면서, 우리 자신의 까마득한 옛날 갓난애기로 다시 돌아가 지금 여기의 배밀이 걷기명상부터 시작해 보자 등등등.

맨발 걷기명상을 처음 해보는 벗들입니다. 다들 진기한 체험을 한다고 신이 나는 모양입니다. 걷는 동안 묵언하자고 제안합니다. 모두 동의합니다. 모두 조용해집니다.

눈을 감고 심호흡을 하면서 새소리, 바람 소리를 듣습니다. 마음을 안으로 모읍니다. 눈을 뜨고 천천히 한 걸음 내딛습니다. 생각을 멈추고 온 마음을 기울여 발바닥 느낌과 들숨날숨을 알아차리려고 노력합니다.

개똥지빠귀들이 지저귀는 청아한 대화 소리가 숲 속을 가득 채웁니다. 그 속으로 발걸음을 옮깁니다. 지금 이순간 언어 이전의 갓난애기 배밀이로 돌아가 '죽음 없음'을 깊이 체험하고 통찰해보고자 합니다.

어떻게 걷는지 모르는 사람은 없습니다. 그냥 일어서서 걸으면 됩니다. 한 발 한 발 너무나 자연스럽게 세상 속으로 나아가기만 하면 됩니다.

갓 태어난 아기는 걷지 못합니다. 기어가지도 못합니다. 오줌을 싸거나 똥을 싸서 불편하면 울음을 터뜨려 의사표시를 해야 합니다. 1m 옆에 앉아 빨래한 기저귀를 차곡차곡 접고 있는 아빠에게 안기고 싶어도 울어야 합니다.

아기는 팔과 다리를 부지런히 움직여 하루가 다르게 성장하는 근육의 힘부터 기르기 시작합니다. 그리고 어느 순간 스스로 엎어져 배밀이를 하면서 이동하기 시작합니다.

엄마아빠들은 너무나 잘 알고 있는 사실이지만 아기는 대체로 생후 9

개월에서 12개월 사이에 일어서서 첫 발걸음을 떼며 걷기 시작합니다. 물론 아이들마다 달라 첫 돌이 지나고 17~18개월이 지나서야 뒤늦게 첫 걸음을 떼는 경우도 있습니다. 아직 근육이 제대로 성장하지 않았는데 무리하게 걸음마를 떼다가는 평생 걷지 못할 수도 있습니다.

이미 오래 전 갓난아기 때 우리는 누워 있으면서 엄마 아빠와 식구들, 오가는 사람들의 걷는 모습을 주의 깊게 살펴보며 9개월 이상 걷기를 눈으로 보고 배웠습니다. 그리고 배운 대로 우선 몸을 뒤집어 배밀이부터 시작합니다. 배밀이가 익숙해질 즈음, 두 발로 일어서기와 걷기를 실전 연습하기 시작합니다.

단번에 일어서기와 걷기에 성공할 수는 없습니다. 무수한 엉덩방아와 넘어짐의 반복이 되풀이됩니다. 그런 실전 훈련을 거쳐야 몸의 균형을 찾을 수 있게 되고 걸을 수 있게 됩니다.

부모라면 누구나 아기가 맨 처음 일어서기에 성공했을 때, 맨 처음 첫 걸음을 떼고 나서 아기 스스로 대견해하고 기쁨에 겨워 어쩔 줄 몰라하는 모습을 보았을 것입니다. 부모는 아기보다 더 기쁘고 사랑스런 마음으로 환호성과 함께 박수를 쳐주고 동영상을 찍어 그 순간을 영원히 저장해두려 합니다. 그만큼 첫걸음마는 황홀한 경험입니다.

우리 모두는 이런 황홀경을 체험했습니다. 단지 기억을 못 할 뿐입니다. 사실은 그 황홀경이 나를 오늘 지금 여기의 걷기명상까지 데려다 주었습니다.

배밀이부터 시작해 처음으로 발걸음을 떼는 그 황홀경으로 한 발 한 발 걷습니다. 지금 여기 다시 나는 첫걸음마입니다. ☀

제4장 내 안에서 걷기

21. 온 마음으로 언어를 배웠습니다

인간은 지구별에서 유일하게 언어로 생각하고 언어로 소통하는 사회성 동물입니다. 인류가 다른 동식물과 다르게 지능을 발달시켜 문명을 발전시키고 오늘날 현대 산업 기계문명까지 건설할 수 있었던 가장 주요한 핵심 동인은 다름 아닌 언어입니다.

미성숙한 채 태어난 인간의 아기는 태어나자마자 뇌세포가 폭발하듯이 늘어납니다. 2년이 지나면 시냅스로 연결된 뉴런 신경세포들이 뇌를 꽉 채웁니다. 이후에는 자주 사용하는 뉴런 시냅스 연결망은 강화되고 잘 사용하지 않는 시냅스는 끊어지고 정리됩니다.

우리는 24시간 늘 전기가 흐르는 약 1,400g의 뇌를 갖고 있습니다.

아기는 어머니 젖을 먹고 성장하면서 눈-귀-코-입-살갗-뇌의 감각기관 기능을 활성화 시켜 보고 듣고 냄새 맡고 맛보고 만져보는 행동으로 세상을 인식하기 시작합니다. '함'을 통해 '앎'이 생겨납니다.

성장하는 생명체 아기가 맨 먼저 배우는 것이 언어입니다. 아기는 언어를 통해 세상을 이름으로 분별하기 시작합니다. 언어를 통해 자신의 세상, 다른 공동체 구성원들과 함께 공유하는 세상을 만들어 나갑니다. 그래야만 환경에 적응해 생존해 나갈 수 있기 때문입니다.

사람과 유전자가 98% 이상이나 같은 침팬지도 소리를 질러 의사소통을 하고 새들도 지저귀면서 의사소통을 합니다. 개미는 페로몬으로, 식물은 잎에서 뿌리는 휘발성 유기화합물로 의사소통을 합니다. 그러나 새의 지저귐과 침팬지의 외침은 언어는 아닙니다.

동물은 소리 지르고 새는 지저귀고 사람은 말을 합니다.

언어는 사물이나 사실과 분리된 기호와 상징, 개념들로 이루어집니다. 언어는 '몸', '바디(body)' 등 서로 다른 말소리로 언어 구성원들의 합의에 의해 만들어지고 사용됩니다. '사회', '국가', '이윤', '인공지능'이라는 말을 원숭이와 개똥지빠귀와 개미는 아마도 이해할 수 없을 것입니다.

오직 인간만이 으르렁거리거나 소리 지르지 않고, 즉 진동 없이 의사소통을 할 수 있는 '속삭이는' 동물입니다. 언어가 있기 때문에 가능한 일입니다.

사람은 언어를 통해 소통하는 다른 사람들과의 무리에 속하지 못하면 사람으로서 세계를 인식할 수도 없고 사람으로 세상을 살아갈 능력도 상실합니다.

1920년 인도에서 발견된 늑대 소녀 자매의 예가 극명하게 보여주듯 사람은 유아기에 늑대 사회에서 양육되면 늑대로 성장합니다. 늑대 소녀는 많은 노력에도 불구하고 결코 사람의 언어를 학습하지 못했습니다.

우리는 눈을 통해 외부 세계의 실체를 고해상도의 영상으로 받아들인다고 생각합니다. 그러나 실제로는 망막의 시신경이 뇌에 전달하는 정보는 시야에 들어와 관심을 끄는 몇몇 대상의 윤곽과 실마리에 불과합니다. 우리는 시신경의 감각 통로를 통해 들어오는 소량의 시공간 가장자리 정보와 그림만을 가지고 세상의 모습을 재구성할 뿐입니다.

새로운 껍질이라는 뜻의 신피질에 있는 뉴런 신경세포는 시신경 감각 통로를 통해 들어온 외부 자극을 일련의 단계를 거쳐 '유형(pattern, 또는 궤범)'으로 분류해 저장해 둡니다. 그리고 외부의 자극이 들어오면 저장해 둔 시냅스 연결망을 가동해 분류해 두었던 유형으로 세상을 인식합니다. 시신경 세포 수에 비해 뇌의 시각 뉴런 신경세포 수는 수십 수백 배나 더 많습니다.

우리는 뇌로 세상을 봅니다. 붓다는 이런 감각기관의 통로와 뇌신경 연결망을 입처(入處, ayatana)라는 말로 개념화해서 연기론을 가르쳤습니다.

실험에 따르면 뇌가 시각 정보를 처리하는 속도는 0.33초 정도인데 견주어 청각 정보를 처리하는 속도는 0.28초로 좀 더 빠릅니다. 달리기 시합을 할 때 깃발로 출발 신호를 보내지 않고 총을 쏘는 이유가 이 때문입니다.

그러나 우리 뇌는 이런 시간차를 무시하고 시각과 청각 정보를 동시에 일어난 일로 편집합니다. 말하자면 뇌의 중요한 속성은 편집 '조작'입니다.

이처럼 우리는 사물을 볼 때 우리의 시각중추와 대뇌피질에 저장된 유형과 모델, 기억을 투사해서 봅니다.

우리는 세계의 시공간을 보는 것이 아니라 우리의 시야를 체험합니다. 세계의 색깔을 보는 것이 아니라 우리의 색채감각을 체험합니다. 즉, 사람은 자신의 몸과 마음이 재구성해서 만들어낸 세계 속에서 살아갑니다.

사람과 세계는 객관으로 실재하는 존재가 아니라 상호 인과 속에서 서로를 조건으로 끊임없이 생겼다 변하고 사라집니다. 양자역학과 양자생물학이 밝혀낸 존재의 실상이 바로 그렇습니다. 물질을 쪼개고 쪼개면 물질의 궁극 실체가 드러나는 게 아니라 텅 빈 공간과 초고속으로 회전하는 파장과 에너지만 관찰될 뿐입니다.

원자란 물체가 아니고(하이젠베르크), 양자의 세계란 없으며 단지 추상화된 양자의 묘사만 있을(닐스 보어) 뿐입니다. 이 세계는 사실상 사람의 감각과 지각, 기억작용의 구조물입니다.(슈뢰딩거)

관찰자에 의해 관찰대상이 영향을 받고 관찰자와 관찰대상의 관계성 속에서만 존재가 드러난다는 하이젠베르크의 불확정성 원리와 양자역학은 세계와 인간의 상호관계성, 의존성을 극명하게 보여줍니다.

2천 6백여 년 전 붓다는 이미 우리 몸과 마음이 인식하고 있는 '나'와 '세계'는 우리의 마음이 이름을 붙이고 개념화해서 만들어낸 '자아'와 세상임을 깨달았습니다. 순전히 통찰 명상을 통해 자신의 몸과 마음을 현미경처럼 관찰함으로써 자아와 세계의 실상을 밝힌 붓다 철학을 현대 물리학자들과 생물학자, 뇌과학자들이 경이의 시선으로 다시 보는 까닭입니다.

제2의 스티븐 호킹이라고 불리는 이탈리아 출신의 이론물리학자 카를로 로벨리가 양자이론과 중력이론에 대한 에세이 책에서 뒷부분에 나가르주나의 『중론』을 신대륙 발견처럼 소개하고 있는 것이 그 한 예입니다.(카를로 로벨리, 『나 없이는 존재하지 않는 세상』, 쌤앤파커스)

한 걸음 한 걸음 발의 느낌과 들숨날숨에 온 마음을 기울입니다. 왼발 오른발 이름을 붙이거나 숫자를 세지도 않습니다. 어느 순간 '숲길', '흙', '돌멩이', '소나무', '참나무', '엄나무', '붓꽃' 등등 무수한 언어도 사라지고 없습니다.

그냥 있는 그대로 보면서 걷습니다. 느낌과 호흡만 있습니다. ☀

22. 언어의 탄생

호모 사피엔스가 언제부터 언어를 사용하기 시작했는지 정확히는 알수 없습니다. 다만 현생 인류가 아프리카에 출현했을 초기부터 소리지르고 으르렁거리고 흥얼거리는 데서 한 걸음 한걸음 그야말로 아주 더디게 달팽이 걸음으로 언어 사용에 이르게 되었던 것으로 보입니다.

그러다가 어린아이처럼 소리지르고 옹알이를 하던 데서 어느 순간 이른바 '특이점'이 나타나 원시언어를 사용하기 시작했을 것입니다.

원시언어는 하나가 아니었습니다. 아프리카, 아시아, 유럽, 아메리카, 오스트레일리아 등 서로 멀리 떨어져 분리되어 있거나 고립되어 서로 다른 자연환경에 적응해 생존해나간 수많은 수렵 채취 부족들에서 서로 다른 수천 개의 언어가 시작되었습니다. 오늘날 언어는 약 7천 개가 넘습니다.

현대문명과 동떨어져 고립된 아마존 피다한 족의 언어는 이런 원시언어의 생생한 화석이라고 할 수 있습니다.

언어학자이자 선교사인 다니엘 에버렛은 1977년 순전히 피다한 족 언어로 성경을 번역해서 그들을 개종시키기 위한 선교 목적으로 가족과 함께 아마존 밀림으로 들어갑니다. 숱한 고비를 넘기고 피다한 족의 친구로 받아들여진 그는 피다한 언어를 주의 깊게 연구합니다.

1984년 그가 피다한 언어의 음성 구조에 대한 논문을 학술지에 발표합니다. 이 논문은 촘스키 언어이론이 지배하던 당시 학계에 일대 충격을 준 전환점의 논문이었습니다.

피다한 언어는 3개의 모음과 8개의 자음뿐입니다. 복문이나 중문 완료시제도 없습니다. 숫자도 없습니다. 그리고 주요한 의사소통 수단으로 콧노래, 외침, 노래, 휘파람 등을 언어와 병행 해서 사용합니다. 5개의 모음과 21개의 자음으로 구성된 영어와 극명하게 비교가 됩니다. (다니엘 에버렛, 『잠들면 안돼, 거기 뱀이 있어』, 꾸리에북스)

인류 문화의 '도약'이라고 표현되는 약 4만~4만 5천 년 전부터는 인간이 언어를 사용했다는 분명한 증거들이 나타납니다. 장신구, 동굴벽화, 복잡한 무기, 악기, 불피운 자리의 보존, 매장 등이 그 증거물들입니다. 이는 언어를 통한 사유와 상상, 상징의 전달, 모방 학습 행동 등 언어가 없으면 불가능한 문화와 기술의 산출물들입니다. 인류는 처음으로 죽음 이후의 세계를 포함해서 언어로 세계를 생각하고 해석하고 재구성하기 시작합니다.

인도네시아 술라웨시 섬에서 발견된 4만 3,900년 전 동굴벽화에는 작고 사나운 물소와 이를 사냥하는 6명의 작은 사냥꾼이 그려져 있습니다. 창을 들고 있는 이들 사냥들은 새의 부리가 달려 있거나 꼬리가 달린, 반은 사람 반은 짐승인 '반인반수(半人半獸)'입니다.

인간이 반인반수라는 상상의 동물을 창조해내고, 무리들과 함께 후대까지 기억을 광범위하게 공유할 수 있도록 그림이라는 상징을 만들 수 있는 것은 오직 사회성 언어의 소통이 있어야만 가능한 일입니다. 세계에 대한 해석과 함께 애니미즘과 종교 의례의 등장도 마찬가지입니다.

학자들은 인간의 언어 사용은 오랜 기간에 걸쳐 언어와 지능을 발전시키는 방향으로 신체구조가 바뀌는 자연선택의 결과라고 보고 있습니다.

말을 하기 위해서는 후두부가 아래로 내려가고 성대가 부풀어 오르고 위아래로 움직이는 공명 공간이 생기는 등 소리길이 생겨야 합니다. 무엇보다도 이에 조응한 뇌구조의 변화가 일어나야 합니다. 어느 날 갑자기 돌연변이로 언어 능력이 생겨난 게 아닙니다.

약 4만 년 전 사라진 네안데르탈인은 두뇌도 크고 노래를 하거나 웅얼거리기는 했지만 말은 하지 못했을 것으로 추정됩니다. 언어의 문턱에는 이르렀지만 문턱을 넘지 못하고 멸종되고 말았습니다. (리베카 랙 사이스, 『네안데르탈』, 생각의힘)

인간은 발음을 하려면 초당 약 220개의 근육을 움직여야 합니다. 소리를 낼 때 앵무새를 제외하고 인간만이 혀를 복잡하게 움직일 수 있습니다. 입과 목, 코와 혀, 허파 등 소리를 내는 데 필요한 신체 구조가 인간과 비슷한 동물들도 있습니다. 그러나 말을 하는 인간과 다른 포유류를 뚜렷하게 구분하는 표지는 발성 기관을 조종하는 두뇌입니다.

언어와 지능폭발

언어는 개념을 통한 생각을 만들어내면서 수많은 뇌세포의 연결망을 촉진시켰습니다. 즉 지능폭발을 일으켜 기술과 문화, 종교를 창조하고 발달시켰습니다. 4만 5천 년 전 석기 시대 인류의 '도약'은 호모 사피엔스의 언어가 일으킨 첫 번째 지능폭발의 업적이자 성취입니다.

최근까지 수렵 채취로 살아온 원시 부족들의 인류학 보고서는 자연환경에 완벽하게 적응한 수렵채취인들의 놀라운 지능폭발 증거로 차고 넘쳐납니다. 1차 지능폭발의 증거는 다름 아닌 이들 수렵 채취 원시부족들의 언어에 고스란히 살아 있습니다.

이누이트족은 서로 다른 눈 종류에 따라 눈을 부르는 수십 개의 말이 있습니다.

해양 생물학자인 R. E. 요하네스는 1894년에 태어난 팔라우 어부 한 사람을 인터뷰한 적이 있었습니다. 이 어부는 서로 다른 물고기 300 종 이상을 알고 있었고, 전세계 과학 문헌에 기재된 어종 자료의 몇 배나 되는 어종에 대해 그 음력 산란 주기를 정확히 파악하고 있었습니다.

필리핀 북서쪽 민도르 섬에 사는 하우누족은 450종 이상의 동물과 1,500종 이상의 식물을 구별합니다. 이 지역 식물에 대한 하우누족의 분류는 서구 과학의 식물 분류보다 400종 이상이나 많았습니다.

인류학자인 다니엘 네틀과 언어학자인 수잔 로메인이 함께 쓴 책 『사라져 가는 목소리들』(이제이북스)에는 이런 사례가 수도 없이 나옵니다.

서시베리아에 살던 한티족의 언어에는 '새'나 '물고기'로 번역할 수 있는 단어가 없습니다. 툰드라 동토지대에는 새나 물고기가 많지 않았기 때문입니다. 몇몇 특정 종의 물고기와 새 이름만 있을 뿐입니다. 한티어의 80%는 동사이며 특히 소리에 관련된 단어가 엄청나게 많습니다. '오리가 물 위에 조용히 내려앉는 소리'가 따로 있고 '곰이 크랜베리 숲을 걸을 때 내는 소리'를 지칭하는 단어가 따로 있습니다. '풍부'라는 단어는 한티어로 '산딸기가 많다'이고, '행복'은 '내 마음이 즐겁다'입니다.

한티족은 유럽의 문명을 받아들이면서 이름을 붙일 때 자연에서 표현을 빌려왔습니다. '사진'은 '물이 고요히 고여 있는 웅덩이'라 불렀고, '모자'는 '비를 맞지 않게 해주는 위쪽이 넓은 나무'로 번역했습니다.

사이언스라는 말은 안다(know)는 뜻의 라틴어 스키레(scire)에서 유래했습니다. 인류 문화의 도약을 일으킨 수렵채취인들이야말로 언어를 통해 지능폭발을 이룩한 최초의 과학자들이었습니다.

지난 몇백 년 동안 세계에 알려진 언어 가운데 절반가량이 사라졌습니다. 언어가 사라지면 언어공동체도 사라지고 그 언어가 만들어낸 '세계'도 사라집니다. 그와 함께 자연에 깊이 뿌리내린 삶 속에서 꽃피웠던 문화, 지역 생태계에 대한 풍부한 지식과 지혜도 사라져 버립니다. 그와 함께 자연 속에서 자연의 한계 안에서 살고 있던 생태 순환의 삶도 사라져 버립니다. 언어는 문화 다양성이 살아 숨쉬는 보물창고입니다.

이것은 정확히 얼굴 흰 사람들의 제국주의 침략, 원주민 대량학살과 일치합니다. 영국인들은 오스트레일리아의 태즈메이니아 원주민을 짐승보다 못한 동물 취급하면서 강간하고, 사냥하듯 가죽을 벗기며 마구잡이로 잔인하게 죽임으로써 처음 접촉한 지 75년 만에 모두 몰살시켜버렸습니다. 물론 태즈메이니아어는 언어학의 관점에서 매우 희귀하면서도 가치 있는 언어였음은 두말할 나위가 없습니다.

1992년 카프카스 산맥 북서부 지역에 살던 마지막 우비크어 생존자 테비크 에센크의 죽음과 함께 우비크어도 이 지상에서 멸종되고 말았습니다. 우비크어의 사멸도 19세기 말 러시아의 시베리아 침략과 원주민 대량학살의 결과였습니다.

　1974년 영국령 맨 섬에서는 맹크스어를 구사할 줄 알았던 마지막 사람 네드 매드럴이 세상을 떠났습니다. 그의 죽음과 함께 옛 맹크스어는 이 지상에서 영원히 사라져 버렸습니다.

　1987년 캘리포니아 주에 살던 로신다 놀라스케스가 94살의 나이로 죽자 쿠페뇨어 사용자는 한 사람도 남아 있지 않게 되었습니다. 와포어의 마지막 사용자 로라 소머설도 1990년에 죽었습니다.

　현재 미국과 캐나다의 원주민 언어 187개 가운데 80% 이상이 이제는 아이들이 더 이상 배우지 않는 언어로 추정됩니다.

　유럽과 접촉하기 전까지 250여 종에 달하던 오스트레일리아 원주민 언어도 사멸되었거나 거의 사멸되어 가고 있는 중입니다.

　이제 아메리카 원주민의 언어는 미국의 일부 주 이름으로, 다시 말해 대평원이란 뜻의 인디언 말에서 유래한 와이오밍, 친구라는 말인 텍사스와 다코타, 잔잔한 물결이란 뜻인 네브라스카, 붉은 사람이란 뜻의 오클라호마, 미래의 땅이란 뜻의 켄터키 등으로 남아 있을 뿐입니다.

　걷기명상은 생각을 멈추고 생각을 버리는 걷기입니다.

그러나 생각을 버리기 위해서는 불가피하게 생각이라는 언어 개념의 덩어리 도움을 받아야 합니다. 붓다의 가르침인 언어의 뗏목을 강물에 띄우고 강을 저어가야 합니다. 그리고 강을 건넌 뒤 그 뗏목을 버려야 합니다.

독서삼매에 빠집니다. 붓다가 만들어 준 뗏목입니다.

오늘은 걸으면서도 붓다의 뗏목을 타고 걷습니다.

숨을 들이마십니다. 내 안으로 들어온 사라진 언어들의 속삭임을 알아차림 합니다.

숨을 내쉬면서 책 한 페이지를 넘깁니다. 내 언어와 내가 만든 세상도 어느 순간 소멸할 것입니다. 붓다가 독서명상 속으로 들어와 말합니다. 제행무상(諸行無常), 형성된 모든 것들은 소멸한다.

뗏목에 사라진 언어들이 흘러와 부딪칩니다. 물거품이 일어났다 사라집니다. 잠시 무지개가 보였다 사라집니다. 그렇게 사라진 언어들의 속삭임을 들으며 책을 읽습니다. ☀

23. 붓다는 최고의 과학자, 언어학자

붓다는 우리의 몸과 마음을 철저하고도 꼼꼼하게 관찰하고 파헤치고 조사하고 추적했던 당시로서는 최고의 과학자, 의학자, 언어학자였습니다. 아니 지금도 최고의 뇌과학자, 정신신경 의학자, 언어학자라고 말할 수 있습니다.

붓다의 깨달음과 가르침은 과학이자 논리이고 철학입니다. 무엇보다도 실천입니다. 고요한 집중의 명상 수행(dhyana, jhana, 禪定)과 공부(panna, 慧), 가르침과 자비행의 행동을 더불어 함께 합니다.

붓다는 내 몸과 마음의 '자아'를 하나하나 파헤쳐 가다가 자아가 다섯 개의 개념 덩어리, 즉 오온(panca-khandha, 五蘊)으로 구성되어 있고, 명색(名色, namarupa)과 분별심(識, vinnana)이 서로 의지하여 끝없이 계속 언어로 된 오온의 구성물을 낳고 쌓아가고 있음(集)을 보고 살피고 알아차렸습니다.

이런 깨달음의 순간을 『쌍윳따니까야』의 「나가라쑤따(nagarasutta)는 자세히 전하고 있습니다.

'분별하는 마음(식)이 있는 곳에 이름과 형색(명색)이 있다. 분별하는 마음에 의존하여 이름과 형색이 있다.'

비구들이여, 그때 나는 이렇게 생각했다오.

'도대체 무엇이 있는 곳에 분별하는 마음(식)이 있을까? 무엇에 의존하여 분별하는 마음이 있을까?'

비구들이여, 그때 통찰지로 이치에 맞는 생각을 함으로써 나는 다음과 같은 이해가 생겼다오.

'이름과 형색(명색)이 있는 곳에 분별하는 마음(식)이 있다. 이름과 형색에 의존하여 분별하는 마음이 있다.'

비구들이여, 그때 나는 이렇게 생각했다오.

'그런데 분별하는 마음(식)은 되돌아가서 이름과 형색(명색)에서 더 이상 가지 못한다. 늙거나, 태어나거나, 죽거나, 소멸하거나, 생긴다면, 그것은 바로 이름과 형색(명색)에 의존하고 있는 분별하는 마음(식)일 따름이다. 분별하는 마음에 의존하여 이름과 형색이 있고, 이름과 형색에 의존하여...(중략) 생에 의존하여 노사(老死)와 근심, 슬픔, 고통, 우울, 고뇌가 생긴다. 이와 같이 순전한 괴로움 덩어리(苦蘊)의 쌓임(集)이 있다.

비구들이여, 나에게 이와 같이 이전에 들어본 적이 없는 법들에 대하여 안목이 생기고, 앎이 생기고, 통찰지가 생기고, 명지가 생기고, 광명이 생겼다오.(이중표, 『정선 쌍윳따 니까야』)

명색, 나마루빠는 이름 붙인 몸과 마음의 개념들, 언어로 지칭하는 사물, 사건을 뜻합니다. 두 개의 개념이 아니라 하나의 개념입니다. 눈, 귀, 느낌, 생각, 신발, 사과, 코끼리, 가족, 국가, 걷기명상, 푸른 하늘. 걷는 붓다 등 한 단어 또는 여러 단어로 만들어진 개념어 거의 모두가 명색이라고 할 수 있습니다.

분별심, 윈냐나는 분별하는 마음, 의식, 알음알이 등으로 번역합니다.

붓다의 연기론은 늙어죽음이 의지하고 있는 태어남에서부터 무명에 이르기까지 철저하게 사람의 몸과 마음을 체험으로 통찰한 결과입니다. 붓다가 연기법에서 설명하고 있는 개념어들은 무엇보다도 먼저 사람의 몸과 마음을 통찰한 개념어에 집중되어 있습니다. 원숭이나 무소, 안드로메다 성운에 살고 있을지도 모르는 어떤 생명체에 대한 통찰이 아닙니다.

자아란 실체가 없다는 무아론의 붓다 깨달음은 브라만교의 일원론이 지배하던 당시의 북인도 사회에서는 인식의 일대 혁명이자 강한 충격파를 던지는 급진주의의 최선봉이었습니다. 붓다의 초전법륜 이래 붓다의 철학을 둘러싸고 수많은 논쟁이 끊이지 않았습니다. 붓다는 이런 논쟁을 마다하지 않았습니다.

명색과 식이 상호의존해서 쌓이고 쌓여 '함께 모여'(samudaya, 集) 나타난다는, 함께 모여 쌓임과 집합, 형성 개념은 붓다 깨달음의 핵심입니다.
연기론의 빠알리어도 의지하여 '함께 모여' 나타남이란 뜻이고 사성제의 두 번째 진리도 고통이 '함께 모여' 일어난다는 성스러운 진리(dukkha samudaya ariya sacca)입니다.

붓다의 연기론과 오온 개념, 무아론을 처음 접한 현대 뇌과학자들과 언어학자들, 양자역학 물리학자들은 대부분 충격과 경이에 휩싸입니다. 2천 6백 년 전 인도 북동부의 한 수행승이 어떤 과학기술의 연구성과와 도구도 없이 현대 과학이 밝혀내고 있는 사실을 이미 발견했기 때문입니다.

『뉴사이언티스트』 부편집장을 역임했던 과학 저널리스트 아닐 아난타스와미는 오늘날 신경과학자들과 서구 철학자들은 이제는 거의 대부분 무아론 진영에 속한다고 말합니다. (아닐 아난타스와미, 『나는 죽었다고 말하는 남자』, 더퀘스트)

어느 누구도 자아가 몸과 뇌가 없어진 이후에도 존재하는 독립된 실체라고 주장하지 않습니다. 어느 누구도 몸을 단순히 정신을 담는 그릇으로 신분을 격하시킨 데카르트 식으로 생각하지 않습니다. 대부분 자아란 몸에 단단히 통합된 뇌신경 세포의 연결망과 프로세스 결과물로 봅니다.

8세기 인도 아드바이타(Advaita, 不二一元論) 학파의 아디 샹카라는 대승불교의 공사상과 무아론을 대폭 받아들여 힌두 철학을 중흥시킨 철학자로 알려져 있습니다. 붓다의 무아론을 수용한 듯 논지를 전개하지만 결론은 '참 나'는 브라흐만이 구체화된 상태이며, "내가 곧 그것(브라흐만)"이라는 범아일여(梵我一如)를 주장합니다. 브라흐만이 실재하는 참된 자아, 아트만입니다.

샹카라는 말합니다. "나는 모든 것이고, 모든 곳이며, 모든 시간이기에 무엇에도 바라는 바가 없다. 나는 영원한 앎이며 축복이고 선함이고 사랑이며 순수한 의식이다."

브라흐만과 자아 사이에는 아무런 차이가 없고, 자아는 순수 존재, 순수 의식, 순수 기쁨이라는 것입니다. 내가 브라흐만이라는 사실을 모르는 것이 무명이고, 이를 체험하여 아는 것이 해탈입니다.

우리나라의 일부 스님들과 재가자 중에서도 이런 찰나, 진아(眞我), 순수 의식, 그것 등을 주장합니다. 붓다의 무아론 가르침과는 전혀 다른 범아일여의 일원론입니다.

단지 걷습니다. 생각이 지배하는 아상의 걷기와 무아의 걷기가 오락가락합니다.

어느 순간 무념무상으로 걷습니다. ☀

24. 태초에 언어가 있었습니다

태초에 말씀이 계셨습니다. 이 말씀이 하나님과 함께 계셨으니 이 말씀은 곧 하나님이십니다. 그가 태초에 하나님과 함께 계셨고, 만물이 그로 말미암아 지은 바 되었으니 지은 것이 하나도 그가 없이는 된 것이 없습니다.

우리에게 복을 주는 「요한복음」의 유명한 첫 구절입니다.

성경은 예전에는 모두 예수가 아랫사람을 하대하는 반말로 가르침을 베푼 것으로 번역했습니다. 예수를 왕처럼 높이 받들고 예수의 신성과 권위를 강조하기 위해서였을 것입니다. 그러나 이는 예수의 가르침을 정면으로 거스르고 역으로 예수를 모독하는 일일 수 있습니다. 예수는 가장 비천한 계급의 사람들, 유대인들로부터 사람 취급도 못 받던 사마리아인들보다 더 낮은 곳으로 내려가 이들을 지극한 마음으로 모시고 섬겼습니다.

예수는 당시 30대 청년이었습니다. 예수가 사람들과 대화하고 가르칠 때 만약 존댓말이 있었다면 당연히 존대어를 사용했을 것입니다.(정경일, 『지금 우리에게 예수는 누구인가?』, 불광출판사)

태초에 말씀이 계셨다. 정확한 말이 아닐 수 없습니다. 태초는 다름 아닌 언어 사용 직후입니다. 그때 세상은 비로소 열렸고 세계는 비로소 탄생했습니다. 물론 신학자들은 태초란 하나님의 아들 예수 그리스도를 지칭하는 말이라고 해석합니다.

그러나 예수 그리스도 자체가 사실은 태초의 언어이며, 예수의 생애와 실천 또한 태초의 언어입니다.

침팬지나 원숭이도 학습하는 지능을 가지고 있습니다. 미래를 계획하고 상황을 파악해 문제를 해결할 수 있는 능력도 있습니다. 의사소통을 통해 공감하는 능력도 갖고 있습니다.

이런 사실은 동물행동학자들의 영장류 관찰을 통해 이미 수많은 증거들이 밝혀졌고, 또 밝혀지고 있습니다. 사회성 동물인 침팬지들은 털고르기를 통해 친밀한 상호 관계를 형성하고, 동맹을 통해 권력다툼을 벌이는 정치 투쟁을 벌이기도 합니다.(프란시스 드 발, 『동물의 생각에 관한 생각』, 세종)

식물은 '지금껏 생각해왔던 것보다 훨씬 진보한 생물체'라고 맨 처음 주장한 찰스 다윈의 견해보다 훨씬 더 매우 영리한 문제해결 능력을 갖고 있습니다. 식물들은 개미군집, 물고기떼, 새떼 등과 마찬가지로 군집으로 행동하는 일종의 집단지성을 발휘합니다.(스테파노 만쿠소 • 알렉산드라 비올라, 『매혹하는 식물의 뇌』, 행성B이오스)

수컷 새의 뇌에서 노래를 배우고 부르는 것을 통제하는 부위는 번식기가 끝나면 쪼그라 들었다가 이듬해 봄 번식기에 다시 부풀어 오릅니다. (팀 버케드, 『새의 감각』, 에이도스) 까마귀는 눈이 쌓인 산비탈에서 사람이 스노보드를 타듯 미끄러지는 놀이를 즐깁니다. 까마귀는 도구를 사용해 병 속의 먹이를 꺼내 먹을 줄도 압니다. (베른트 하인리히, 『까

마귀의 마음』, 에코리브르)

　문어는 다리의 빨판으로 사람의 피부를 감싸 밀착하고는 그 사람의 피부에서 나오는 각종 호르몬 화학물질을 감지해 그의 기분과 의식, 건강 상태 등을 예민하고도 정확하게 파악합니다. (사이 몽고메리, 『문어의 영혼』, 글항아리)

　늦봄에서 초여름 사이 약 1만 마리의 벌들이 벌통에서 나와 여왕벌을 에워싸고 턱수염 모양으로 나뭇가지에 매달려 분봉합니다. 이들은 새로운 집을 찾기 위해 몇 시간에서 때로는 며칠 동안 벌춤으로 의사소통하면서 민주주의의 치열한 토론과 논쟁을 통해 새 벌집을 결정합니다. (토머스 실리, 『꿀벌의 민주주의』, 에코리브르)

　개미는 식물의 잎을 잘라 개미집에 쌓아두고 곰팡이 농사를 짓습니다. (최재천, 『개미제국의 발견』, 사이언스북스)

　식물과 동물, 바이러스와 박테리아 등 생명체의 놀라운 지능과 능력에 대한 관찰과 실험 보고서는 끝이 없습니다. 호모 사피엔스가 유별나게 다른 생명체보다 뛰어난 능력을 지니고 있었던 것은 아닙니다. 그저 다른 모든 생명체와 동등하게 지구별 생태계에 탑승해서 변화와 진화를 거듭해 온 생명체 중의 하나였습니다. 현생 인류가 지구 생태계의 황제로서 절대 권력을 휘둘러도 된다고 모든 생명체들이 투표를 통해 결정해 준 적도 없습니다.

　적어도 언어를 사용하기 이전에는 그랬습니다.

약 4만~4만 5천 년 전 이후 호모 사피엔스가 이 같은 지구별 동식물 탑승객들과 완벽하게 달라진 유일한 차이점은 언어로 구성된 세계관입니다. 이 세계관에 따라 사람들은 자연 생태계를 변형시키고 조작하고 개발하고, 나아가 파괴해왔습니다.

인류는 언어를 통해 늘 새로운 세계의 태초를 만들어 왔습니다.

사람의 이름은 다른 사람과 구별되는 자아에게 차압 딱지처럼 붙여놓은 하나의 언어 개념입니다. 우리는 사람에게 이름을 붙이고 그에 대응하는 인격, 즉 개별 자아가 존재한다고 생각합니다.

이름을 붙이는 방법은 다양합니다. 우리나라에서는 주로 아버지 혈통에 따라 김, 이, 박 등 성을 정하고, 항렬에 따라 돌림 자를 써서 이름을 지었습니다.

서양인들 이름에서 스미스나 슈미트는 대장장이, 조지-게오르그-위르겐 등은 농부, 해롤드는 전사였음을 나타냅니다. 일요일에 태어난 아이에게는 일요일이라는 라틴어 도미니쿠스에서 도미니크라고 이름을 붙였습니다.

이름은 내가 지은 것이 아니라 다른 사람들이 지은 것입니다. 태어나자마자 부모님은 주민등록을 하면서 내게 이름을 지어주었습니다. 그 이름이 죽을 때까지 평생 나와 내 세계관의 상징, 부호입니다.

대부분의 사람들은 청소년 시절 별명이 있었을 것입니다. 별명 역시 다른 아이들이 '꺽다리' '울보' 등 그 아이의 특징을 이용해 붙인 이름입니다.

아메리카 인디언들도 영화 제목이기도 했던 '늑대와 춤을', '주먹 쥐고 일어서' 등에서 알 수 있듯 다른 사람과 구별되는 특징을 이름으로 불렀습니다. 태어날 때 바람이 불면 '바람의 딸', 지빠귀가 울었다고 해서 '지빠귀가 노래해'라고 이름 지었습니다.

출가하고 행자 생활을 마치면 사미 또는 사미니 계를 받을 때 스님들은 새로운 이름을 얻습니다. 법명입니다. 재가 신도들도 불교 입문 교육을 마치면 법명을 받습니다. 오온으로 똘똘 뭉쳐진 이전의 이름과 세계관, 무명 무지를 완전히 버리라는 뜻이 담겨 있습니다. 새 사람으로 다시 태어남을 상징하는 새 이름입니다. 붓다의 법에 귀의해 새로운 깨달음의 세계관으로 청정한 삶을 살겠다는 서원의 상징이기도 합니다.

출가는 새로운 세계관, 새로운 태초를 열겠다는 개벽의 결단입니다. 새로운 세계에 다시 태어나 법의 주민등록증을 만드는 일종의 붓다 임신하기, 붓다 탄생 준비의 사건입니다. 상가공동체는 일종의 붓다 탄생 조산원입니다.

그런 재생의 통과의례가 삭발과 법명입니다. 이전의 사회관계는 죽고 새로운 깨달음의 상가공동체 관계, '좋은 벗'의 도반 관계가 새롭게 생겨납니다.

걷기명상을 하면서 우리는 스스로 새로운 세계와 새로운 삶을 탄생시키고 있습니다. 새로운 태초를 스스로 만듭니다.

함께 걷기명상을 하는 사람들은 누구나 좋은 벗들, 도반들입니다. 붓다와 함께 공유하는 세계의 삶에 대해 '복음의 기록'을 스스로 만들어 가는 사람들입니다. 이런 태초의 경험 기록들은 태초 이전의 세계에 살고 있는 사람들에게 그야말로 눈이 번쩍 뜨이는 광명의 안내서, 가이드북이 될 수 있습니다.

걷기명상을 하면서 이전의 '나'를 버리는 강한 결심과 상징으로 스스로 혼자만의 이름을 새로 짓는 것도 좋은 방편입니다. 또는 걷기명상 도반들과 함께 새 이름 짓기를 해도 좋을 것입니다.

새 이름을 갖는다는 것은 지금까지 오온을 나라고 생각하고, 나와 이름을 강하게 결합시켰던 그 결합을 해체하는 강한 낯설게 하기의 효과도 있습니다.

누군가 걷고 있습니다. 이름이 걷고 있습니다.
이름 없이 걷고자 집을 나서 숲길을 향합니다. ☀

25. '나'는 만들어진 개념

사람의 아기는 옹알이를 시작하다가 대략 8개월~12개월 사이에 최초로 말을 하기 시작합니다. 보통은 엄마라는 말을 처음 합니다. 말하기도 걸음마처럼 아이마다 차이가 있어 뒤늦게 말하기 시작하는 아이도 적지 않습니다.

약 18개월부터는 말을 하는 낱말 수가 급격하게 늘어납니다. 18세가 되면 약 6만 개의 단어를 구사합니다. 잠자는 시간을 빼면 90분마다 한 낱말을 학습한 셈입니다. 호모 사피엔스는 모방과 학습능력이 뛰어난 사회성 동물입니다.

나를 나라고 의식하는 '자아'의 정의는 다양합니다. 자아가 형성되는 시기에 대해서도 다양한 견해가 있습니다. 대체로 갓난아기가 자기와 타인과의 경계를 알아차리면서 타인의 존재를 인식하고 이해하는 능력과 함께 자아가 형성되기 시작한다고 봅니다. 자아는 타인과 구별되는 '나'를 주인공으로 해서 언어를 통해 이야기로 재구성해낸 언어의 구성물입니다.

아이는 '보통 3.5~4세부터 '자아'를 형성하기 시작한다는 견해가 주류입니다. 타인에게 거짓말을 하기 시작하는 것도 이때부터입니다. 최초의 기억도 대체로 이 시기부터입니다.

물론 18~21개월부터 자아가 형성되기 시작한다는 주장도 있습니다. 자기가 좋아하는 물건에 대해 이건 내꺼야! 외치기 시작하는 때가 이 시기이기 때문입니다.

중국의 시인 백거이가 늙은 소나무 위에 앉아 참선을 하는 것으로 유명한 도림 선사를 찾아가서 묻습니다. 평생 좌우명으로 삼을 법문을 청합니다. 도림 선사가 법구경의 짧은 법문으로 답합니다. 악한 일을 하지 말고 선한 일을 행하라. 백거이가 스님 그런 말은 세 살 어린아이도 아는 말 아닙니까? 하고 되묻습니다. 그러자 도림 스님의 답이 즉시 돌아옵니다. 세 살 어린아이도 아는 말이지만 여든 살 노인도 행하기 어렵다.

'세 살 버릇 여든까지 간다' 등등 동서양을 막론하고 유독 세 살 어린애 관련 속담이 많은 까닭이 있습니다. 이미 우리의 선조들은 육아 경험을 통해 자아를 형성하기 시작하는 이 시기가 사람에게 얼마나 중요한지 알았기 때문입니다.

1949년 프랑스에서 있었던 일입니다. 각각 4살과 6살이었던 미셸과 파트리샤 형제는 숲 속에 있는 캠프에서 엄마에게 버려집니다. 이들 두 형제는 이후 7년을 외부 세계와 단절된 채 숲 속에서 의식주 모든 것을 해결하면서 생존해 나갑니다. 언어를 습득하기 이전에 갓난아기로 늑대 세계에 편입돼 늑대로 성장한 인도의 늑대소녀 자매와 달리 이들 두 형제는 원시부족의 초기 공동체처럼 둘만의 형제 공동체로서 그야말로 야생의 행복을 완벽하게 누리며 살아남을 수 있었습니다. 언어와 언어로 형성된 자아가 있었기에 가능한 일입니다.

이들의 삶은 서로를 향한 사랑에 의지하여 본능과 직관, 지혜로 충만한 자립의 삶이었습니다. 불을 스스로 지폈고, 자연의 모든 것, 인간이

버린 모든 것을 도구 삼아 칼과 새총과 바늘 같은 도구를 만들었고, 나무와 풀, 이끼 등으로 오두막집을 지었습니다. 그들은 배고프면 언제든 먹을 것을 찾을 수 있었고, 굶주리지 않았습니다.

형제는 누구의 간섭도 받지 않고 인간이 누릴 수 있는 최대한의 대자유와 행복한 삶을 누렸습니다. 적어도 1956년 외할머니에 발견돼 다시 인간 세상의 감옥으로 돌아가기 전까지는 그랬습니다.

동생 미셸의 꼼꼼하고 상세한 증언을 토대로 만든 실화 영화 「형제」 이야기입니다. 아직 영화는 보지 못했지만, 기사 만으로도 충분히 짐작할 수 있는 문명 이전의 수렵채취인 삶을 생생하게 보여주는 사례입니다. (목수정, 「숲에서 7년을 살아낸 4세와 6세 프랑스 형제」, 『오마이뉴스』, 2024. 5. 8.)

시기가 어떻건 자아란 만들어진 기억의 다발-덩어리입니다. 형성된 것, 편집 조작된 것입니다. 언어로 구성된 개념입니다.

자아란 내 몸과 마음이 행동을 통해 경험한 일련의 사건들을 하나의 뭉텅이로 묶은 서사(narative), 일화(story) 기억의 덩어리입니다.

자아는 이런 기억들이 제대로 기능해서 호모 사피엔스가 시시각각 변화하는 환경에 적응해 생존해 나갈 수 있게 해주었습니다. 인류는 극단의 기후변화와 천재지변에도 멸종되지 않고 적응과 변화를 거듭해 살아남을 수 있었습니다. 아니 오늘날에는 오히려 다른 생명체들을 멸종시키면서까지 번영과 풍요를 구가하고 있습니다.

자아는 하나가 아닙니다. 형성된 것, 만들어진 개념이기에 끊임없이 새로 형성되고 만들어집니다. 뇌과학자들은 이런 '자아들'을 종류에 따라 서로 다른 이름, 즉 신체자아와 유사자아로 구분하기도 하고, 기억자아와 경험자아, 배경자아로 구분하기도 합니다. 원형적 자아, 핵심적 자아, 자전적 자아, 아는 자로서의 자아로 개념화하는 학자도 있고, 최소한의 자아, 서사적 자아, 상호적 자아로 설명하는 학자도 있습니다.

이중인격자, 다중인격자, 도플갱어, 본캐 부캐 등의 말을 들어보았을 것입니다. 아마도 대부분의 사람들이 지인 가운데 술만 먹었다 하면 다른 사람으로 돌변하는 분을 떠올릴 수 있을 것입니다.

우리는 대부분 사실 다중인격자입니다.

실체로서의 자아가 없다는 사실은 조금만 우리 몸과 마음을 관찰해보면 알 수 있습니다.

생각은 내 의지와 무관하게 떠오릅니다. 통제 불가능합니다. 정확히 1분 뒤에 어떤 생각이 떠오를지 알 수도 없고 관리하거나 지시 명령할 수도 없습니다. 생각은 나의 것이 아닙니다.

느낌도 마찬가지입니다. 차갑고 뜨거운 느낌은 내 의도와 무관하게 즉각 감각기관의 조건반사로 일어납니다. 그 느낌은 일어나지 마! 라고 만류할 수가 없습니다. 느낌은 나의 것이 아닙니다.

내 심장박동을 1분에 한 번씩 하는 것으로 내가 관리 통제할 수도 없습니다. 내 심장은 나의 것이 아닙니다. 들숨날숨도 1시간에 한 번씩으로 줄일 수 없습니다. 그랬다가는 보통사람들은 3~4분도 넘기지 못하고 죽습니다. 내 몸은 나의 것이 아닙니다.

붓다는 『주제별 모음(samyuttanikaya)』 경전의 제3권 「존재의 다발 모아엮음」에서 제자들에게 질문하고 답변을 이끌어 내는 방식으로 반복해서 내 몸(色)과 느낌(受), 생각(想)을 비롯한 오온(五蘊)이 자아가 아님을 밝힙니다.

생각은 무상한 것이다. 무상한 것은 괴로운 것이다. 괴로운 것은 실체가 없는 것이다. 실체가 없는 것은 '이것은 나의 것이 아니고 이것은 내가 아니고 이것은 나의 자아가 아니다'라고 있는 그대로 올바른 지혜로 관찰한다. 올바른 지혜로 관찰하면 마음은 집착 없이 번뇌에서 사라져서 해탈한다. (전재성 역주, 『통합개정판 쌍윳따 니까야 전집』)

걷기명상을 하면서 알아차림과 주시하기에 어느 정도 익숙해지면 어느 순간 무아의 걷기를 하게 됩니다.
비 온 뒤 티끌 하나 없는 숲길을 걷다 보니 어느 틈에 나는 사라지고 무아의 걷기를 하고 있습니다.
나는 사라지고 싸리뿟다가 걷습니다. ☀

26. 시간은 흐르지 않고

하루 스물네 시간을 어떻게 써야 합니까. 한 스님이 묻자 조주(趙州)
스님(778~897)이 되묻습니다.

그대는 스물네 시간의 부림을 받지만 나는 스물네 시간을 부릴 수 있
다. 그대는 어느 시간을 묻느냐. (백련선서간행회, 『조주록』, 장경각)

시간과 공간은 하나입니다. 시간 없는 공간은 없고, 공간 없는 시간은
없습니다. 그래서 오늘날 양자역학에서는 '시공간'이라는 개념어를 사용합
니다.

해발 약 2천m인 한라산에서의 1시간과 제주 강정마을 해군기지 모래
밭에서의 1시간은 길이가 다릅니다. 한라산 정상에서는 강정마을에서보다
시간이 더 빨리 갑니다. 손목시계는 탁자 위에 있을 때보다 바닥에 있을
때 우리 눈에 보이지는 않지만 미세하게 더 천천히 갑니다.

우리가 지구의 땅속 중심에 들어가 쭈그리고 앉아 있다고 상상해봅시
다. 거기 앉아 있을 때는 24시간이 아주 천천히 정말 지겹도록 지루하게
갈 것입니다.

우리 모두는 서로 다른 지구별 땅 위에서 서로 다른 시간을 살고 있
습니다

아주 작은 점을 찍어 그림을 그리는 화가들이 있습니다. 점묘법이라고
부릅니다. 이렇게 그린 그림이 우리 눈에는 더 강렬한 느낌을 준다고 해

서 인상주의 그림이라는 이름으로 불리기도 합니다. 유명한 빈센트 반 고흐의 그림들이 점묘화입니다.

우리 눈으로 보면 사람이 있는 풍경화인데, 자세히 들여다보면 점으로 밝음과 어둠, 높고 낮음, 가깝고 먼 거리를 표현했습니다. 몇 해 전 고 김환기 화백의 '우주'라는 점묘법 그림이 1백억 원이 넘는 고가에 팔려 사람들의 관심을 끈 적도 있습니다.

사람도 점묘법처럼 세포라는 점이 모여 몸이 됩니다. 그런데 또 세포를 쪼개면 분자가 나오고, 분자를 쪼개면 원자, 원자를 쪼개면 원자핵과 전자, 원자핵을 쪼개면 중성자와 양성자, 중성자와 양성자를 쪼개면 물질의 최소 단위라고 여겨지는 쿼크가 나옵니다.

전자, 양성자, 중성자, 광자 등 에너지의 최소 단위를 양자(量子, 알갱이)라고 합니다. 물리학은 세계의 모든 물리 현상이 입자로 구성되어 있다고 봅니다. 물질뿐만 아니라 빛도 입자고, 시공간도 입자입니다. 그런데 이런 소립자의 세계는 우리가 눈으로 보는 세계의 모습과는 완전히 다릅니다.

전자와 쿼크의 세계를 들여다보면 텅 빈 공간만 나옵니다. 전자는 파동이면서 동시에 에너지이기도 합니다. 시간의 흐름도 뒤죽박죽입니다. 똑같은 입자가 마치 분신술을 쓰는 것처럼 동시에 두 군데서 존재를 드러냅니다. 한 궤도에서 다른 궤도로 순간 이동하기도 합니다. 우리 눈에 보이는 세상에서는 있을 수 없는 일입니다.

우리의 몸을 구성하는 양자의 세계는 텅 빈 공(空)입니다. 그런 공(空)이 모여 우리 몸이라는 색(色)이 됩니다. 공이 곧 색이고 색이 곧 공입니다. 세상의 모든 사물이 그렇습니다.

시공간도 마찬가지입니다.

내가 지금 여기 이 순간 보고 있는 별은 지금 여기 현재의 별입니다. 아닙니다. 수십억 광년을 날아온 별빛이 내 눈의 시신경을 자극해서 인식한 과거의 별입니다. 그 별이 지금 이 순간 어떻게 되었는지 우리는 모릅니다. 다만 이 순간에 있는 과거의 별과 함께 걷기명상을 할 뿐입니다. 그렇게 생각합니다.

그런데 양자역학은 그 별이 과거의 별이 아니라 지금 여기 이 순간 현재의 시공간 별이라고 말합니다. 과거와 현재의 시공간 사이에는 시공간의 간격만이 존재하며, 이 간격은 현재라는 시공간의 확장일 뿐이라는 것입니다. 지구의 현재 시공간은 지구별 가까운 세계의 시공간에만 적용되고, 우주 전체에는 적용되지 않습니다. 우주에는 수많은 서로 다른 차원의 시공간 세계가 존재합니다.

도무지 알쏭달쏭하고 알 것 같기도 하고 모를 것 같기도 하고, 헷갈리기만 합니다.

해는 아침에 동쪽에서 뜨고 서쪽으로 집니다. 시공간은 어제에서 오늘로 흐르고 이어집니다. 우리의 감각기관은 그렇게 보고 느끼고 인식합니다.

안드로메다의 시공간이 어떤 시공간이건, 양자 세계의 순간 이동이 어떠하건, 지금 여기 이 순간을 살고 있는 우리의 뇌는 눈으로 보이는 시공간을 과거-현재-미래로 시간이 흐르고 있다고 개념화해서 이어진다고

148

생각합니다.

그런데 양자역학은 시간은 흐르지 않는다고 말합니다. 과거-현재-미래는 없습니다. 과거와 미래의 시공간이란 존재하지 않습니다. 시공간은 오직 지금 여기 이 순간의 시공간만 있습니다. '지금 여기'의 순간 이동만이 있을 뿐입니다.

사람은 해가 지고 적절한 시간에 잠을 잡니다. 대부분은 다음 날 새벽까지 한 번에 깊은 잠을 잡니다. 이것을 의학 전문가들은 단상 수면, 곧 '한 번 수면'이라는 이름으로 부릅니다.

호모 사피엔스는 언어를 통해 문명을 창조하기 이전까지는 다상 수면, 곧 낮이고 밤이고 토막잠을 자는 생활을 한 것으로 여겨집니다. 개와 고양이, 원숭이와 새 등 대부분의 생명체들은 토막잠을 잡니다.

아마존 원시부족 피다한 족도 토막잠을 잡니다.

문명이 발생하고 국가가 성립되기 이전 우리는 '지금 여기'를 살았던 사회성 동물이었을 것입니다. 그러나 오늘날 우리는 언어로 구성된 마음, 그 마음이 만들어낸 시간, 과거-현재-미래라는 마음의 시간 속에서 살아갑니다. 그리고 대부분 지금 여기를 살고 있지 못합니다.

내가 눈을 뜨면 세상이 눈을 뜨고, 내가 눈을 감으면 세상도 눈을 감습니다. 나로 인하여 세상이 존재하고, 세상으로 인하여 내가 존재합니다. 매 순간 내 눈과 몸은 나를 둘러싸고 있는 모든 사물과 사건과 동시에 현존합니다.

공(空)에 대해 붓다는 이렇게 가르칩니다.

아난다여... 나는 예전에도 그리고 요즈음도 대부분 공에 머물며 지낸다... 이와 같이 비구는 마을에 대한 생각이나 사람에 대한 생각을 하지 않고, 숲에 대한 생각 하나만을 생각한다. 마음이 숲에 대한 생각으로 도약하고, 맑아지고, 확립되고, 해탈한다. 그는 '마을에 대한 생각으로 인한 걱정이 여기에는 없다. 사람에 대한 생각으로 인한 걱정이 여기에는 없다. 그러나 참으로 숲에 대한 생각으로 인한 걱정 하나는 있다.'라고 통찰한다.

그는 '이 생각은 사람에 대한 생각이 공하다'라고 통찰한다. '그러나 참으로 숲에 대한 생각 하나는 공하지 않다'라고 통찰한다. 이와 같이 그는 그곳에 없는 것을 공으로 간주한다. '그렇지만 그곳에 남아있는, 존재하는 그것은 이것이다'라고 통찰한다.

아난다여, 이렇게 하면 그에게 여실하고, 뒤집힘(顚倒)이 없고, 순수한 공성(空性)이 드러난다. (이중표 역해, 『정선 맞지마니까야』, 「공성(空性)을 설하신 작은 경」)

대승불교의 반야부 경전에서 강조하는 공의 개념에 대해 붓다는 애매모호하지 않고 명확하게 설명하고 있습니다. 없는 것이 공입니다. 탐진치가 없는 것이 공입니다. 갈애가 없는 것이 공입니다. 자아가 없는 것이 공입니다.

붓다는 욕망과 번뇌로 인한 걱정이 여기에는 없어 공하지만, 이 몸으로 인한, 눈-귀-코-혀-살갗-뇌의 감각작용으로 생기는, 생명에 의한 걱정은 공하지 않다고 통찰하는 명상 수행을 통해 해탈에 이르러야 한다고 가르칩니다. 그렇게 함으로써 여실하고 뒤집힘이 없고 순수한, 위 없는 최고의 청정한 공성을 성취해 살아가야 한다고 강조합니다.

모여서 형성된 모든 것은 소멸되어 흩어지며, 언어로 조작된 자아는 실체가 없습니다. 업보(業報)는 있으나 작자(作者)는 없다는 색즉시공(色卽是空)의 진리는 붓다 가르침의 핵심입니다.

우리의 삶은 시공간 속에 갇혀 있는 사물이 아닙니다. 우리의 몸과 마음은 사물이 아닙니다. 존재(being)가 아닙니다. 물질, 실체가 아닙니다. 이런 생각은 우리의 에고가 만들어낸 개념의 탑일 뿐입니다.

우리의 삶, 우리의 몸과 마음은 시공간을 벗어난 사건입니다. 관계이고 과정입니다. 매 순간 수백만 개의 세포가 태어나고 죽는 우리 몸은 하나의 과정일 뿐입니다. 가족도 직장도 국가도 하나의 과정이고 관계입니다.

존재라는 말과 다른 의미로 고정불변하지 않고 끊임없이 변화하는 무상의 현존(becoming)입니다. 어마어마한 기적이 아닐 수 없습니다.

입맞춤은 사물이 아니라 무상의 사건입니다. 파도도 구름도 무상의 사건입니다. 우리의 삶과 세상은 매 순간 걷기명상의 발맞춤이라는 사건으로 그 실체가 드러납니다.

한 걸음 걷습니다. 이 지상에서 유일무이한 사건이 발생합니다.
그렇게 내 몸과 마음은 사건으로서 사건을 걷습니다.
과정으로서 과정을 걷습니다. ☀

27. 느리게 살기

34살의 엘리자베스 토바 베일리는 유럽의 어느 작은 마을을 여행하다가 원인을 알 수 없는 병에 걸립니다. 미국으로 돌아온 그녀는 이후 전신마비 환자로 침대에 누운 채 꼬박 20여 년을 고립된 병자로 지내게 됩니다.

이유도 알 수 없이 자신에게 닥친 불행을 원망하며 지내던 어느 날 우연히 친구가 달팽이 하나를 가져와 제비꽃 화분에 올려 놓습니다. 그리고 그 인연으로 그녀는 새로운 '태초'의 세계관을 달팽이와 함께 만들어 나가는 달팽이 관찰자, 과학자가 됩니다. 2010년 그녀는 '야생 달팽이의 씹는 소리'라는 제목의 책을 냅니다.(엘리자베스 토바 베일리, 『달팽이 안단테』, 돌베개)

사람들이 문병을 왔다 가면 심신이 힘들었지만 달팽이는 내게 영감을 불러 일으켰다. 녀석의 호기심과 우아함은 나를 평화와 은자의 세계로 점점 더 가까이 이끌었다...

달팽이가 먹으면서 내는 아주 작고 정겨운 소리는 내게 특별한 동무와 공간을 함께 쓰고 있다는 느낌을 안겨 주었다... 달팽이는 자신에게 잠자리를 제공하는 살아있는 제비꽃을 단 한 번도 갉아먹은 적이 없었다. 누구든 자기와 다른 생명체가 좋아하는 것을 존중해야 한다.

그녀는 달팽이를 연구하는 전문학자들도 놀라는 끈질기고도 치밀한 관찰력으로 달팽이의 삶을 기록합니다. 함께 있는 달팽이 이빨이 약 2,640

개이고, 33개씩 80열이나 되며, 앞 열에 난 이빨이 닳아지면 뒤에서 새로운 열이 생기는데, 4주~6주면 완전히 새로운 이빨들로 대체된다고 적고 있습니다. 이런 지극히 세밀한 관찰은 달팽이에 대한 관심과 애정이 없으면 불가능한 일입니다.

움직이지도 못하고 정지된 삶을 살아야만 하는 그녀는 아주 느리게 기어가는 달팽이의 삶을 자세히 꼼꼼하게 보고 관찰하고 사유하고 공명하고 함께 시공간을 나누면서 비로소 자신의 삶을 돌아보고 자신의 진정한 삶을 다시 읽습니다.

질병은 역으로 그녀에게 새로운 세계관으로의 길을 열어주는 빛이자 초대장이었습니다. 달팽이가 자신에게 잠자리를 제공하는 제비꽃을 갉아먹지 않는다는 사실은 곧바로 지구별이라는 우리의 공동의 집을 놀라운 탐식으로 갉아먹고 있는 호모 사피엔스와 비교됩니다.

붓다도 인간과 세상의 고통에 대한 관심과 애정이 없었다면 그렇게 죽음을 각오한 고행과 끈질기고도 놀라운 관찰, 통찰은 불가능했을 것입니다.

엘리자베스 토바 베일리는 달팽이를 관찰하면서 달팽이의 몸과 마음속으로 들어가 생명에 대한 신비와 기적을 깨닫게 됩니다. 그녀는 매일매일 걷기명상을 실천하는 수행자처럼 자신과 달팽이의 삶을 내면의 밑바닥까지 걷고 성찰하고 사랑하게 됩니다. 침대에 누워 달팽이에 관련된 동서양의 온갖 전문 과학서적과 시, 에세이 등을 법문 찾듯이 두루 찾아 읽습니다.

내 침대는 황량한 바다와도 같은 방 안에 외롭게 떠 있는 섬이었다. 그러나 나 말고도 전 세계 여기저기 흩어져 있는 수많은 시골 마을과 도시에는 다치고 병들어 집 안에만 틀어박혀 있는 사람들이 많이 있다. 우리는 모두 서로 볼 수는 없지만 하나의 공동체였다. 나는 비록 여기 침대에 누워있지만 그들 모두와 연결되어 있음을 느꼈다. 우리는 또한 은자들의 공동체였다...

병원균은... 필수 성분이었다. 내가 달팽이와 대면하게 된 것도 사실은 바로 병원균 덕분이다...

이 책을 쓰기 위해 여러 자료를 찾고 천천히 글을 써나가는 과정은 이 책의 주인공이 보여준 느린 걸음걸이와 딱 맞아떨어졌다. 또한 둘 다 야행성이었다는 사실도 일치했다. 나는 다시 한번 달팽이를 따라가면서 녀석의 삶에 깊이 빠져들었다...

달팽이가 그저 묵묵히 미끄러지듯이 기어가는 모습을 지켜보는 것 그 자체가 즐거움이었고 깨달음이었으며 아름다움이었다. 달팽이의 타고난 느린 걸음걸이와 고독한 삶은 아무것도 보이지 않던 어둠의 시간 속에서 헤매던 나를 인간세계를 넘어선 더 큰 세계로 이끌어주었다. 달팽이는 나의 진정한 스승이다. 그 아주 작은 존재가 내 삶을 지탱해 주었다.

인류가 지금 여기 도착한 출발역이자 종착역의 시공간은 마침내 극단의 엄청난 속도로 질주해가는 시공간입니다. 베일리의 정지된 침대나 달팽이의 속도는 아예 보이지도 않습니다.

나발봉에서 군왕대까지 질주하는 말의 속도와는 비교도 되지 않는 시속 약 27,000km의 인공위성이 수천 개나 지구 궤도를 돌고 있습니다. 서울에서 부산까지의 고속철도 거리인 412km를 1분도 안 돼 가는 속도입니다.

모든 가치가 바쁘고 빠른 것을 넘어서서 '찰나의 실시간'으로 맞춰져 가고 있습니다. 주식 거래도 찰나의 실시간입니다. 생산도 소비도 배달도 찰나의 실시간을 향해 달려가고 있습니다. 어디를 향해 그렇게 질주하고 있는지는 별 관심조차 없는 것 같습니다. 욕망이라는 이름의 초고속 설국열차에 모두 올라타긴 했는데, 운전수가 없는 것과 같습니다.

동서양을 막론하고 수많은 선각자들이 개발과 성장 지상주의의 질주하는 삶은 그 끝이 파국일 뿐이라고 경고해 왔습니다. 서구에서도 『월든』의 헨리 데이비드 소로, 『작은 것이 아름답다』의 슈마허, 『모모』의 미하엘 엔데, 『행복은 자전거를 타고 온다』의 이반 일리치 등 수많은 선각자들이 느리게 사는 삶을 스스로 실천했습니다.

법륜스님은 한 스님으로부터 "어디서 와서 어디로 가는지도 모르면서 왜 그렇게 바쁜고?" 묻는 말에 출가를 하게 되었다고 말합니다.

그런데 이제 사람들이 바뀌고 있습니다. 소확행, 욜로, 슬로우 라이프, 슬로우 푸드같은 말들이 하나의 트랜드로 자리잡고 있습니다. 그런 느린 삶을 선택하기 위해 잘 나가는 직장이나 직업도 과감히 때려치웁니다. 식물의 삶과 같은 주기의 삶으로 전환하기 위해 아예 농부로 직업을 바꾸는 청년들이 점점 늘어납니다.

느리게 살기는 세계관의 전환입니다. 고속으로 살면 그만큼 고속으로 죽습니다. 느리게 살면 그만큼 삶이 길어지고, 매 순간을 영원으로 살 수 있습니다.

이미 임계점을 넘어선 극단의 기후위기와 불평등, 무한경쟁과 성장 지상주의라는 기존 질서는 아예 인간을 노예로 부리는 정도를 넘어서서 쓸모없는 폐기물로 버리고 있습니다.

폐기 처분되기 전에 내 삶을 되찾기 위해서라도 그 같은 설국열차에서 뛰어내리는 탈출밖에 달리 길이 없습니다. 과감하게 생각과 탐진치, 집착의 포로수용소에서 탈옥하는 대자유의 결단밖에 달리 다른 탈출구가 없습니다.

걷기명상은 우리에게 그런 자유의 탈출구입니다.
새로운 삶의 길을 제시해 주는 안내 이정표입니다. ☀

28. 죽어도 '죽음 없음'의 기적

눈을 뜹니다. 오, 아직 나는 살아 있습니다. 어둠 속에서 오늘 지금 여기의 삶이 눈을 뜨고 살아납니다.

숨을 한 번 크게 온몸으로 들이쉬고 온몸으로 내쉽니다. 온몸에서 피가 돌고 눈-귀-코-혀-살갗의 감각세포와 뇌세포가 바쁘게 움직이는 게 느껴집니다.

손과 발을 힘껏 쭉 폅니다. 마음속으로 나는 기적이다! 라고 크게 외칩니다.

천천히 일어나 불을 켜기 위해 한 걸음을 내딛습니다. 지금 여기 이 순간 오늘 나는 새로운 기적의 삶에 불을 켭니다.

숨을 깊이 내쉬면서 다시 한 걸음 내딛습니다. 발바닥의 느낌과 들숨날숨에 온 마음을 다 기울입니다. 살아있음의 기쁨이 온몸을 휘감습니다.

'나'라는 존재가 형성되고 세상을 개념으로 인식하게 되면 제일 먼저 부닥치는 문제는 죽음입니다. 사람들은 내가 왜 죽어야 하는지 생각하게 되고, 죽음을 피할 수 있는 방법을 무슨 수를 써서라도 찾으려고 필사의 노력을 기울입니다. 영생불사의 꿈은 진시황뿐만 아니라 거의 모든 사람들의 희망입니다.

언어는 수렵채취 부족마다 주변 생태계와 식물, 동물들을 세세하게 이름을 붙여 분별하는 수많은 공동체 과학자들을 탄생시켰습니다. 동시에 언어는' '나와 '너', '우리' 등 존재의 경계를 분별하고 의식하는 주체의 개념과 그리고 주체가 객체를 인식하는 세계관을 탄생시켰습니다. 태어남과 죽음이라는 구분과 분별, 경계의 개념도 만들어냈습니다.

전세계 곳곳의 신석기 문명과 초기 국가 형성 과정에서 제일 먼저 등장하는 공통의 발명품이자 개념은 신과 종교라는 세계관입니다. 삼라만상에 영혼이 있다는 애니미즘이나 특정 동식물을 씨족-부족공동체에 연결시키는 토테미즘, 샤먼을 통해 선조들의 영혼이나 신들과 소통하는 샤머니즘 등이 거의 예외 없이 수렵채취인들을 지배했습니다.

이런 생각은 사람들이 쉽게 이치를 따져 받아들일 수 있는 삶과 죽음에 대한 세계관의 서사와 설명 체계들이었습니다. 죽음은 직접 경험해보지 못한 세계이기에 임사체험의 경험을 해보았다고 확언하는 사람을 믿고 따르지 않을 수 없습니다. 게다가 믿지 않으면 고통과 형벌이 뒤따른다고 겁을 줍니다.

샤먼은 이후 제사장이라는 특권 계급으로 왕들과 함께 공동체와 국가를 다스리게 됩니다.

죽은 자를 매장하면서 밥그릇과 장신구들을 함께 묻거나, 심지어 살아 있는 사람을 함께 묻는 순장 문화는 사후세계에 대한 세계관과 믿음이 없으면 생길 수 없습니다. 거대한 이집트의 피라미드와 메소포타미아의 지구라트, 마야문명의 신전 등은 노예를 동원해 축조한 것이 아닙니다. 그들의 세계관이 축조한 것입니다.

사후세계와 영혼, 순환과 윤회, 환생의 개념은 단편으로라도 거의 모든 부족 공동체에서 공유하는 세계관이었습니다.

모든 부족과 국가는 지역에 따라 조금씩 다른 세계와 부족의 탄생 신화를 구전으로 공유했습니다. 구전으로 전해 내려오던 부족 탄생 신화를 문자로 기록한 것이 인도의 『베다』, 수메르의 『길가메시 서사시』, 그리스의 『일리어드』 등입니다. 우리에게는 단군 신화가 있습니다.

대부분의 구전신화 공통 서사는 신들의 전쟁입니다. 끊이지 않고 이어지는 부족 간, 국가 간 전쟁이 투사된 이야기라고 할 수 있습니다.

중국의 『주역』과 갑골문은 신들에게 제사를 지내는 의식이 생사를 포함해서 가뭄과 홍수 등의 기후변화, 인간 지능으로는 해결 불가능한 초자연의 현상까지 인간과 세계의 변화를 납득해서 이해하고 받아들일 수 있는 세계관이 필요했음을 보여줍니다.

붓다 시대 대중들에게도 죽음의 문제는 가장 큰 난제였습니다. 카스트 제도가 고착화되어 있던 당시의 북인도 사람들은 대부분 윤회를 믿었습니다. 사람들은 짐승이나 가축으로 태어나지 않고 더 좋은 신분의 인간으로 태어나기 위해 제사장 계급인 브라만들에게 기꺼이 돈을 들여 제사를 지냈습니다.

이 같은 세계관 속에서 깨달음을 얻은 붓다의 제일성은 나는 '죽음 없음'(不死)을 얻었다는 선언이었습니다. 붓다는 깨달음을 얻은 직후 5명의 수행자를 찾아 걸어가는 도중에 우빠까라는 출가수행자를 만나 자신이 죽음 없음을 성취했다고 말해줍니다. 그러자 우빠까는 그럴 수도 있겠지요 말하고는 이 사람이 미쳤나 고개를 절레절레 흔들며 다른 길로 가버립니다.

꼰단냐를 비롯 함께 고행했던 5명의 수행승들을 만나 설득하면서 맨 처음 한 말도 나는 죽음 없음을 성취했다는 선언입니다. 『율장 (vinayapitaka, 律藏)』의 6번째 이야기에 수록되어 있습니다.

붓다는 자신의 깨달음을 처음으로 이들에게 가르치면서 고행주의와 쾌락주의 둘 다를 버린 중도를 제시하고, 곧바로 연기법과 네 가지 고귀한 진리를 말합니다. 네 가지 고귀한 진리를 불교인들은 사성제(四聖諦)라고 부릅니다. 누구든지 사성제와 연기법의 이치를 깨달으면 죽음 없음을 성취할 수 있다는 가르침입니다.

붓다는 삶은 고통이고, 갈애와 집착의 모이고 쌓임이 고통의 원인이며, 팔정도가 고통을 소멸시킬 수 있는 올바른 길이라고 확언합니다. 붓다는 진리의 수레바퀴를 처음 굴린 이래 45년 동안 줄기차게 사성제와 팔정도, 연기법을 사람들에게 가르쳤습니다.

붓다의 죽음 없음이란 선언은 붓다 자신이 스스로 체험을 통해 이 같은 죽음이라는 개념 덩어리를 완전히 멸진 시키고 죽음에서 벗어났다는 자신감의 선언이었습니다.

붓다는 삶이 고통으로 불타고 있고, 그 불길에 장작을 더 이상 넣지 않으면 불이 꺼진다고 말합니다. 그야말로 발상의 전환, 패러다임의 대전환입니다. 인식의 혁명이라는 말도 적절하지 않을 정도의 거대한 발견이었습니다.

지구별 생태계에 언어를 사용한 생명체가 등장한 이래 그들이 만들어낸 수없이 많은 세계관이 명멸해 왔습니다. 그러나 붓다는 이런 세계관의 형성 자체를 뿌리부터 뒤집어 놓았습니다. 세계관이란 언어와 개념으로 만들어진 것이며 허상이라고 꿰뚫어 밝혀냈습니다. 우리가 보고 듣고 알고 있다고 생각하는 객관의 세계란 우리의 몸과 마음이 조작해 만들어진 세계임을 이치로 통찰해 발견했습니다. 실로 놀라운 일이 아닐 수 없습니다.

경전을 보면 붓다의 가르침을 듣고 깨달은 사람들은 이구동성으로 '훌륭합니다', '희유합니다', '놀랍습니다' 등의 찬탄을 반복해서 말합니다. 뒤집힌 것을 바로 세우는 것 같고, 감춰진 것을 드러내는 것 같고, 길 잃은 자에게 길을 알려주는 것 같고, 어둠 속에서 등불을 비춰주는 것 같고 등등의 비유가 수도 없이 나옵니다. 그만큼 붓다의 가르침은 누구에게나 호흡명상을 통해 꿰뚫어 통찰하고 체험하면 죽음 없음, 자아 없음의 놀라운 깨달음을 얻을 수 있게 해줍니다.

모여 쌓이고 결집되어 형성된 우리의 몸과 마음은 고통을 일으키는 원인입니다. 죽지 않고 영원히 살고자 하는 갈애와 집착 때문에 그렇습니다. 그런데 갈애와 집착이라는 모닥불에 더 이상 장작을 넣지 않으면 불길은 꺼집니다. 그러면 놀랍게도 죽음 없음의 세계가 드러나고, 소풍 나온 이 세상은 기적으로 바뀝니다. '지금 여기'가 기적으로 바뀝니다. 지금 여기의 내 몸과 마음, 내 삶 전체가 기적이 됩니다.

초인공지능(ASI)이 코앞으로 성큼 다가온 오늘날, 영생불사를 확신하는 수많은 사람들이 곧 영생불사가 실현될 것이라며 들떠 있습니다. 이들은 최첨단 뇌신경의학과 호르몬 약물, 나노로봇이 거의 모든 질병을 치료하는 시대가 곧 도래한다고 믿고 있습니다. 인간 스스로의 세포 교체 대신 언제든 교체 가능한 기계와 인간 뇌 그리고 몸을 결합한 트랜스휴먼(trans-human)을 통해 죽지 않는 기계인간을 창조할 수 있다고 생각하고 있습니다.

붓다 가르침인 죽음 없음이라는 깨달음의 삶과 영생불사의 기계인간 삶, 선택은 우리들 스스로에 달려 있습니다.

우리는 내 몸(rupa, 色)이라는 생각을 버리고 어머니 아버지로부터 받은 본디 육체(kaya, 身)로 다시 귀환해 오직 들숨날숨과 발바닥 느낌을 알아차림 하고 주시하는 걷기명상의 지구별 여행자일 뿐입니다.

우리는 붓다 열반 직후 수백 명의 제자들이 모여 경전을 결집하면서 「들숨날숨 알아차림경(anapanasatisutta)」 바로 다음에 「몸(身) 주의집중경(kayagatasutta)」을 넣은 까닭을 헤아리며 걷는 사람들일 뿐입니다.

지금 여기 기적의 함께 걷기는 기적의 기쁨이자 황홀경입니다. ☀

29. 붓다는 죽지 않고, 지금 여기에

걸어가고 있는 내 몸은 지금 엄청나게 바쁘고 분주합니다. 우주의 수많은 별처럼 수많은 세포가 탄생하고 바뀌고 소멸합니다. 블랙홀같은 텅빈 미립자 공간에서는 우리가 알 수 없는 수많은 사건들이 벌어지고 있습니다.

지금 이 순간 나도 바뀌고 있고 나무도 숲도 공기도 바뀌고 있습니다. 시공간도 바뀌고 있습니다.

지금 여기 이 순간 내 마음과 세상이 바뀝니다. 내 삶이 달라집니다.

지금 여기 내 삶의 현존이 온몸에서 되살아납니다.

붓다는 여든 살이 되었습니다. 붓다 스스로 자신을 "늙고 노쇠한 늙은 이로서 마치 낡은 마차가 가죽끈에 묶여서 끌려가듯이 여래의 몸도 가죽끈에 묶여서 끌려가는 것 같다"고 표현합니다.

붓다는 자신의 수명이 얼마 남지 않았다는 것을 알고 전쟁을 준비하고 있는 마가다국의 수도 라자가하를 제자들과 함께 떠납니다. 붓다는 고향인 까빌라밧투 방향에 있는 밧지족과 릿차비족의 부족연맹 공화국 수도 베쌀리 쪽으로 걸어가기 시작합니다. 마가다국이 정복 전쟁을 준비하는 나라입니다. 라자가하를 떠나면서 붓다는 이런 말을 남깁니다.

아난다여, 라자가하가 보기 좋구나. 깃짜꾸따가 보기 좋구나... 쪼라절벽이 보기 좋구나... 산 중턱이 보기 좋구나... 칠엽굴이 보기 좋구나... 바위가 보기 좋구나... 동굴이 보기 좋구나... 망고 숲이 보기 좋구나...

사슴동산이 보기 좋구나. (이중표 역해, 『정선 디가니까야』, 「대반열반경」)

베쌀리를 떠나면서도 똑같은 말을 남깁니다.

아난다여, 베쌀리 시는 아름답다. 우데나 탑묘도 아름답다. 고따마까 탑묘도 아름답다... 짜빨라 탑묘도 아름답다. (전재성 역주, 『디가니까야』, 「완전한 열반의 큰 경」)

적지 않은 사람들이 탐진치를 뿌리까지 없앤 붓다는 아무런 감정도, 피도 눈물도 없는 돌부처, 돌붓다로 믿는 경우가 많습니다. 실제로 붓다는 당시 절세 미녀인 기녀 암바빨리를 만나서도 다른 사람들과 달리 흔들림 없는 고요함으로 그녀를 바라보면서 가르치고, 격려하고, 장려해 그녀를 기쁘게 할 수 있었습니다.

그러나 붓다는 엄연히 몸과 마음으로 보고 듣고 냄새 맡고 뇌 활동을 다른 어떤 수행자보다 왕성하게 하는 살아있는 사람이었습니다. 먹고 마시고, 걷고 잠을 자고, 느끼고 판단하고 통찰하는 일을 멈추지 않았던 과정으로서의 생명체였습니다.

마지막으로 라자가하와 베쌀리 시를 둘러보면서 붓다가 자신의 느낌을 표현한 것을 보면 붓다가 얼마나 감수성이 풍부한 사람이었는지 알 수 있습니다.

탐진치를 없앤 사람도 밥을 먹습니다. 깨달은 사람도 넘치는 사랑을 합니다. 마주치는 모든 사람들을 사랑합니다. 마주 보는 모든 꽃과 나무와 풀과 고라니와 지빠귀를 사랑합니다. 시냇물을 사랑하고 바람을 사랑합니다. 다만 집착하지 않을 따름입니다.

붓다의 제자들 가운데 많은 비구, 비구니들이 이미 입적했습니다. 양모인 고따미 비구니도 붓다보다 먼저 열반에 들었습니다.

붓다 입멸 6개월 전 쯤에 붓다의 제자 가운데 지혜 제일이라고 불리던 싸리뿟따는 고향으로 돌아가 자신이 태어난 집에서 죽음 없음의 강을 건너갔다고 전합니다. 싸리뿟따와 절친한 친구로 산자야 벨라티뿟따 수행 집단에 함께 있다 함께 붓다에 귀의한 목갈라나도 이미 강을 건너갔습니다. 싸리뿟따와 목갈라나는 붓다보다 나이가 많았습니다. 붓다는 이들 두 제자들의 유골을 사리탑에 안장하고 나서 라자가하를 떠납니다. (냐나뽀니까 스님, 『사아리뿟따 이야기』, 고요한소리)

1851년 영국의 군인이자 고고학자인 알렉산더 커닝엄이 북인도 보팔의 산치 언덕에서 싸리뿟따와 목갈라나의 사리탑을 발굴합니다. 이때 발견된 싸리뿟따와 목갈라나의 사리 가운데 일부는 영국으로 건너갔다가 미얀마를 거쳐 현재 대구 팔공산 동화사에 붓다의 진신사리와 함께 모셔져 있습니다.

싸리뿟따의 열반 소식을 들었을 때도 붓다는 솔직한 자신의 감정을 숨기지 않았습니다.

수행승들이여, 싸리뿟따와 목갈라나가 완전한 열반에 들었으니 실로 나에게 대중들이 있지만 텅 빈 것처럼 보인다. 수행승들이여, 예전에 싸리뿟따와 목갈라나가 함께 지내던 곳에서는 그곳이 어떠한 곳이든 상관없이 실로 나에게 그 대중들이 텅 빈 적이 없었다. (전재성 역주, 『쌍윳따니까야』, 「욱까벨라의 경」)

붓다는 제자들에게 그럼에도 내게는 슬픔이나 비탄이 없다고 말합니다. 이어서 제행무상, 자신과 법을 의지처로 삼으라, 4념처 수행 등의 법문을 다시 반복해서 가르칩니다. 붓다도 눈에 보기 좋고 아름다운 도시나 자연을 보고 새소리를 들으면 눈에 보기 좋고 귀에 듣기 좋음을 느꼈고, 제자들의 열반 소식을 들으면 허전했습니다. 그러나 결코 희로애락에 동요되거나 휩싸이지 않았습니다.

어부의 아들 싸띠 비구가 이런 주장을 합니다. "나는 세존께서 다른 것이 아니라 식(識)이 유전하고 윤회한다고 설법하신 것으로 알고 있다." 이런 주장은 바라문 교에서는 아트만(atman), 자이나 교에서는 지바(jiva), 즉 자아가 윤회의 주체라는 주장과 맥락을 같이 하는 견해였습니다. 아트만이나 지바 대신 붓다가 개념화한 비즈냐나(vijnana, 識)를 윤회의 주체로 본 것입니다.

붓다가 싸띠를 불러 '그 식은 어떤 것인가'라고 묻자 싸띠가 답합니다. 이것은 말하고, 경험하는 것으로서, 여기저기에서 선하고 악한 업의 과보를 받습니다. 그러자 즉시 붓다는 싸띠를 질책합니다.

어리석은 사람아, 내가 여러 가지 방법으로, 갖가지 비유를 들어서 조건에 의지하여 함께 발생한(연기한), 분별하는 마음(識)에 대해 말하면서,

'조건이 없으면 분별하는 마음은 생기지 않는다'라고 하지 않았던가?

그리고 함께 모인 제자들에게 묻고 답하는 방식으로 조건에 의해 발생하는 연기법에 대해 다시 자세히 설명합니다. 붓다는 연기법을 "지금 여기에서 즉시 '와서 보라!'고 할 수 있는, 현명한 사람들이 저마다 경험하는 데 도움이 되는 가르침"이라고 강조합니다.

비구들이여, 그대들은 이와 같이 알고, 이와 같이 보면서도 과거로 돌아가서, '우리는 과거세(過去世)에 존재했을까, 존재하지 않았을까? 우리는 과거세에 무엇이었을까? 우리는 과거세에 어떻게 지냈을까? 우리는 과거세에 무엇이었다가 그 다음에는 무엇이었을까?'라고 하겠는가?...

미래로 앞질러 가서, '우리는 미래세에 존재하게 될까, 존재하지 않게 될까? 우리는 미래세에 무엇이 될까? 우리는 미래세에 어떻게 될까? 우리는 미래세에 무엇이 되었다가 그 다음에는 무엇이 될까'라고 하겠는가?...

'나는 존재하는가, 존재하지 않는가? 나는 무엇인가? 나는 어떻게 지내는가? 이 중생은 어디에서 왔다가 어디로 가는 것일까?'라고 현재세에 자신에 대하여 의혹이 있는가? (이중표 역해, 『정선 맛지마니까야』, 「갈애의 소멸 큰 경」)

자아의 윤회란 붓다의 연기법을 깨닫지 못하고, '본디 모름'(無明)과 무지에 사로잡힌 사람들의 망상입니다. 붓다가 명확히 밝히고 있듯 개념 덩어리인 자아의 윤회란 윤회를 해서라도 영원히 살고자 집착하는 사람들의 헛된 꿈일 뿐입니다.

그러나 경전에는 윤회에 대한 언급이 무수히 많이 나옵니다. 본디 모름에서 비롯된 윤회는 현대 진화론의 용어로 유전자 전달을 통해 끝없이 이어집니다. 콩 심은 데 콩 나고 팥 심은 데 팥 나는 것처럼 어미아비로부터 딸아들, 손녀손자의 손녀손자의 손녀손자 식으로 본디 모름의 유전형질 진화와 변화는 지금 여기에서 수레바퀴처럼 굴러가고 또 굴러갑니다.

붓다는 행위에 의한 업의 이어짐과 태어나고 죽고 다시 태어나고 죽는 생명체의 순환에 대해서는 부정한 적이 없습니다.

이미 내 안에 붓다가 있고, 고려의 강감찬이 있고, 조선의 황진이가 있고, 네로가 있고, 히틀러가 있고, 서태후가 있고, 세종이 있고, 정약용이 있고, 김구가 있고, 여운형이 있고, 전태일이 있고, 김일성도 있고, 박현영도 있고, 전두환도 있고, 이한열도 있고, 박완서도 있고, 수많은 이전의 삶들이 있습니다. 우주의 탄생부터 지구별 생명의 역사가 모두 다 있습니다.

시간은 흐르지 않고, 과거도 미래도 없으며, 우리 모두는 오직 지금 여기에 함께 현존할 뿐입니다.

내 몸은 죽지 않고, 사라지지 않습니다. 다만 흩어질 뿐입니다. 화장을 하면 내 몸의 세포는 하늘로 올라가 구름이 되었다가 비로 떨어져 지하수로 내려가고, 다시 다른 사람의 몸속으로 들어갑니다. 오줌이 되기도 하고 시냇물이 되기도 하고 바위가 되기도 합니다.

내 몸은 과정으로서의 몸입니다.

물론 내 뇌세포의 연결 네트워크는 끊어지고 파괴됩니다. 언어로 된 개념들, 나의 주장과 견해들은 사라집니다. 남아 있다면 다른 사람들의 기억과 생각, 시냅스 연결 네트워크에 남아 있거나 책, 동영상 등으로 남아 있게 될 것입니다. 그것도 조만간 소멸되고야 맙니다.

그러나 붓다의 가르침은 우리에게 육성으로 낭송되어 지금 여기 생생하게 함께 있고, 문자로 함께 있습니다. 무엇보다도 우리 모두의 몸과 마음이 체험으로 붓다를 살아있게 합니다.

붓다는 지금 여기 걷기명상을 하고 있는 우리들의 몸과 마음에 생생하게 현존의 삶으로 살아 있습니다. 붓다는 죽지 않고, 지금 여기 붓다로 살아 있습니다.

걷습니다. 몸과 마음으로 걷습니다. 붓다로 걷습니다. ☀

30. 언어 탈출, 간화선

수행자들이여, 법의 이치를 얻고자 한다면 사람에게 미혹되지 말아야 한다. 안을 향하든 밖을 향하든 만나는 대로 바로 죽여라. 부처를 만나면 부처를 죽이고, 조사를 만나면 조사를 죽이고, 아라한을 만나면 아라한을 죽이고, 부모를 만나면 부모를 죽이고, 친척권속을 만나면 친척권속을 죽여라.

『임제록』에 나오는 유명한 살불살조(殺佛殺祖) 화두입니다. 화(話)는 말이란 뜻이고 두(頭)는 머리, 즉 앞서간다는 뜻입니다. 화두는 말보다 앞서가는 것, 언어 이전의 '소식'이란 의미입니다.

스님의 말이라고는 믿어지지 않는 파격의 과격한 발언입니다. 붓다의 가르침과는 정반대로 살인을 조장하는 범죄자나 싸이코패스의 미친 소리 같습니다.

그런데 이 발언은 1천 년이 넘게 붓다 깨달음을 얻기 위해 출가한 한국과 중국, 대만, 베트남, 일본 등 동아시아 한자문화권 수행자들에게는 강한 충격을 통해 깨달음에 이르게 한 법문입니다.

벽암록을 비롯한 간화선의 책자를 처음 읽는 사람은 망치로 머리를 맞은 것처럼 강한 충격을 받습니다. 각종 기행과 동문서답, 알쏭달쏭한 선문답이 끝도 없이 이어집니다. 달마가 서쪽에서 온 까닭이 무엇이냐고 물으면 '뜰 앞의 잣나무'라고 동문서답하는 식입니다. 질문하면 대답하는 게 아니라 갑자기 멱살을 잡아 내동댕이쳐 버립니다. 방을 나가려는 스님의 다리가 문 밖으로 미처 나가지도 않았는데, 방문을 쾅 닫아 다리를 부러뜨립니다.

그런데 그 순간 문득 삶의 진리를 깨닫습니다. 돈오(頓悟)입니다. 동아시아에서 활짝 개화한 간화선, 조사선은 이처럼 상식을 초월한 동문서답과 기행을 통해 언어 개념의 감옥을 단숨에 때려 부수고 허물어버림으로써 언어를 벗어나 지금 여기 존재의 참 실상을 문득 깨닫게 하는 선 수행 방식입니다. 말에 현혹되는 사람의 마음을 깨뜨려버리는 새로운 시대 새로운 팔정도의 길입니다. 벼락을 때려서 생각의 나무를 단숨에 부러뜨리고, 실타래처럼 얽히고 설킨 오취온의 개념 덩어리를 고르디우스의 매듭처럼 단칼에 잘라버리는 방식입니다.

붓다는 출가자는 두 가지 극단을 섬기지 않는다고 중도의 진리를 설파했습니다. 감각의 쾌락과 욕망에 탐착하는 쾌락주의도, 스스로 고행을 일삼는 고행주의도 깨달음에 이르는 길이 아닙니다.

간화선은 이 두 가지 극단에 더해 붓다 가르침의 언어 개념에 갇혀 헤어나오지 못하는 문자주의 또한 깨달음을 방해하는 극단임을 강하게 일깨운 수행법입니다.

자아와 세계가 만들어진 개념에 불과하다는 것이 곧 내 몸과 마음, 가족과 이웃의 몸과 마음도 신기루처럼 존재하지 않는다는 말은 결코 아닙니다. 그런 개념을 벗어나 실상을 꿰뚫어 알면 연기법에 의해 생겨난 내 몸과 마음의 실존이 그대로 드러나고, 이 몸과 마음도 연기법에 따라 생기고 소멸한다는 사실을 알게 됩니다. 그러면 내 몸과 마음은 기적 그 자체이며, 아무런 욕심도 성냄도 갈등도 없이 있는 그대로 늘 생생하고 충만한 지금 여기 현존의 삶을 여실하게 살 수 있음을 깨닫게 됩니다.

붓다의 호흡명상 가르침에 부정관(不淨觀) 수행이 있습니다. 몸 전체를 낱낱이 해부하듯 살펴보고, 묘지에 버려진 시체와 비교하면서 몸에 대한 집착을 끊게 하고자 하는 몸 알아차림 호흡법입니다.

그런데 경전에 따르면 붓다의 가르침을 듣고 비구들 가운데 일부가 자신의 몸을 수치스럽고 부끄럽다고 혐오하여 수십 명이 자결하는 사태가 벌어집니다. (전재성 역주, 『쌍윳따니까야』, 「베쌀리의 경」)

안거 기간에 보름 동안 홀로 명상 수행을 마치고 나온 붓다는 수행승들이 자살한 사실을 알게 됩니다. 붓다는 베쌀리 시 근처에 있는 모든 수행승들을 불러 모아 강당에 모이게 합니다.

그리고 다시 정념과 정정의 호흡수행법을 강조해서 세세하게 가르칩니다. 가르침의 소리에만 얽매여 '망상', '허상', '허깨비' 등과 같은 말에 갇히는 수행이 얼마나 위험한지 알 수 있는 사례라 할 수 있습니다.

붓다는 늘 변하지 않는 청정한 삶을 강조했습니다. 청정한 삶이란 탐진치를 버리고 언제 어느 때나 생생하게 지금 여기를 살고 있는 현존의 삶입니다.

붓다의 가르침대로 수많은 사람들이 언어의 뗏목을 만들어 뗏목을 강물에 띄우고, 죽음 없음의 강을 건너갈 수 있는 뱃길을 알 수 있었습니다. 그리고 강을 건넌 뒤 언어의 뗏목을 버렸습니다. 그런데 붓다라는 스승이 있었음에도 언어에 갇힌 수행자들이 심지어 자살까지 하는 사태까지 일어납니다.

21세기인 오늘날 우리는 지식과 정보가 홍수처럼 넘치는 디지털 시대를 살고 있습니다. 우리는 불가피하게 붓다 가르침의 문자 기록인 경전에 의존해서 진리를 깨달을 수밖에 없습니다. 언어의 개념일 뿐인 명색(名色, namarupa)과 분별심(識, vinnana)에서 벗어나지 못하고, 문자에 매달리게 되는 경향이 생길 수밖에 없는 조건이 극대화되어 있는 상태라고 하지 않을 수 없습니다.

간화선은 이 같은 디지털 시대에 붓다 가르침의 본디 뜻에 더 강하게 부합하는 중생 제도의 새로운 팔정도 실천이라고 할 수 있습니다. 간화선 수행과 간화선 수행을 통해 죽음 없음의 강을 건넌 선지식들이 동남아와 서구의 눈 밝은 사람들에게 명상주의, 선정주의를 벗어나 일거에 언어 개념에서 탈출할 수 있는 새로운 명상수행법으로 받아들여질 가능성은 충분하고도 남습니다.

간화선의 화두는 기존의 언어 개념에 얽매여 있는 사람들에게 그 언어의 개념 자체를 낯설게 하는 의심의 회오리 속으로 집어 던집니다. 이는 붓다가 '죽음 없음'을 선언했을 당시 윤회를 철석같이 믿고 있던 사람들에게 이게 무슨 소린가 어리둥절해 하는 그 효과를 촉발합니다.

동시에 일체의 권위나 기성의 세계관에서 탈피해야만 깨달을 수 있다는 각성을 초래합니다. 붓다까지도 포함해서 타인과 외부에 의존해서는 깨달을 수 없습니다. 오직 자신을 의지해서만 깨달음에 이를 수 있다는 직설, 직지입니다.

독일의 극작가 베르톨트 브레히트의 연극 기법을 소격(疏隔)효과라고 부릅니다. 감정이입이나 몰입을 일부러 방해해서 사물을 낯설게 다시 보게 하는 방법입니다. 간화선은 브레히트의 소격효과 기법과 비슷한 '낯설게 하기'의 선 수행입니다.

이런 낯설게 하기는 그렇게 함으로써 후대에 편찬돼 많은 누락과 첨가와 변형이 가해진 경전의 문자 그 자체에 얽매이지 말라는 경종의 의미도 있습니다. 문자주의에 빠지지 말라는 요란한 싸이렌 소리입니다.

오직 자신만을 의지처로 용맹정진해야 하고, 스스로 붓다가 되라는 선수행 지침은 일체의 권위와 세계관을 부정했던 붓다 가르침의 본뜻을 역으로 강하게 각인시킬 수 있습니다. 그럼으로써 단숨에 생각의 멈춤, 마음 내려놓음, 마음 비움을 가능케 합니다.

육조단경에 이런 귀절이 나옵니다. 마음이 바르면 자네가 법화경을 읽는 것이고, 마음이 바르지 못하면 법화경이 자네를 읽는 것이 된다.

경전이 나를 읽는다는 말은 바로 언어, 즉 생각이 마음을 지배한다는 말에 다름 아닙니다. 개념에 사로잡혀 있다는 얘기입니다. 핵심을 찌르는 가르침입니다.

생사를 해결하기 위해 무명과 무지의 강을 건너는 뗏목을 만들어 강에 띄워놓고 뗏목에 올라타긴 했습니다. 그런데 정작 강을 건널 생각은 하지 않고 뗏목에 앉아 강물에 흘러가는 뗏목 주위 풍광에 취해 넋 놓고 여행을 하는 것과 진배없습니다.

우리나라에는 이런 화두선의 일화가 숱하게 많습니다. 그리고 수많은 사람들이 언어의 개념을 버리고 깨달음의 강을 건너갔습니다.

사람의 세계관은 자신이 살고 있는 편안한 집입니다. 지구상에는 이런 편안한 세계가 80억 개가 넘습니다. 모두 각자의 세계에 갇혀 삽니다.

자신이 살고 있는 편안한 집을 하루 아침에 무작정 때려부수라고 하면 그렇게 할 사람은 거의 없을 것입니다. "네 집을 잘 살펴보아라, 곧 무너질 것 같지 않느냐? 아주 멋지고 튼튼하고 포크레인으로도 결코 쉽게 부서지지 않는 새로운 집을 지어주마, 그것도 공짜로"라고 해야 비로소 이게 뭐지 하고 관심을 가질 것입니다.

간화선은 붓다의 가르침을 중국과 한국 등 한자문화권 국가들의 문화와 특성에 맞게 촌철살인의 아주 간명한 화두로 사람들에게 낯선 새로운 집을 선물하는 팔정도의 올바른 알아차림(정념) 올바른 집중(정정) 수행법입니다.

수불 스님은 1989년 이래 우리나라와 미국, 뉴질랜드 등에 안국선원을 설립하고 간화선의 대중화와 세계화를 실천하고 있습니다. 수불 스님은 화두는 "짧고, 빠르게, 확" 한 번에 들어서 타파할 수 있어야 한다고 단순명쾌하게 한 마디 말로 요약합니다.

화두는 의심이며, 때문에 수행자에게 단번에 의심을 하게 만들고, 이 의심이 덩어리가 되어 놓으려 해도 의심을 놓을 수 없는 일심전념(一心專念)의 상태로 확 들어가게 해야 한다는 것입니다. 간화선의 요지는 단번에 깨닫는 돈오(頓悟)이며, 화두는 돈오라는 문을 열 수 있는 안성맞춤의 열쇠이자 수단입니다.

수불 스님은 화두는 의심이 생명인 바 이 같은 의심이 중생의 병인 분별망상을 녹인다고 강조합니다. 육조(六祖) 혜능이 자성불(自性佛)을 깨달으라고 말한 것처럼 진정한 붓다는 밖에 있는 동상이나 책 속에 있는 언어 관념이 아니라 자기라는 섬, 즉 우리의 본성 자체이며 내 안의 붓다를 깨닫는 것이 화두 참구라는 것입니다.

수불 스님의 화두는 '손가락 튕기기'의 '이 뭣고'입니다. 수행자에게 손가락을 움직이게 하는 것은 무엇입니까 묻고는 답에 대해 모두 부정합니다. 그리고 다시 묻습니다.

이렇게 손가락을 움직이게 하는 것은 내가 하는 것도, 마음이 하는 것도 아니다. 그렇다고 하지 않는 것도 아니다. 그렇다면 과연 누가 나로 하여금 이렇게 하게 하느냐? (수불, 『간화선 수행, 어떻게 할 것인가』, 김영사)

붓다는 상가에 새로운 출가자가 들어오면 경험 많은 장로들이 그를 지도하게끔 했습니다. 화두선 수행의 핵심 또한 선지식의 지도입니다. 일주일 동안 물 한 모금 마시지 못한 사람이 생존을 위해 간절히 물을 찾듯 수행자로 하여금 시종일관 의심에 대한 답을 스스로 찾도록 혼신의 힘을 다하게 하는 길잡이 역할입니다.

수불 스님은 1주일이면 깨달을 수 있다는 선칠(禪七, 7일 선수행)의 파격으로 실제 7박 8일의 간화선 집중 수행을 통해 수만 명에게 간화선을 체험하게 하고, 깨달음으로 이끌었습니다. 깨달음을 무슨 무림 고수의 비급처럼 여기는 일반 대중의 시각을 처음부터 여지없이 무너뜨리는 파격입니다.

7일이란 붓다가 「들숨날숨 알아차림 경」에서 수행자에 따라서는 7일 동안 4념처 수행을 하면 깨달음을 얻을 수 있다는 데 근거하고 있습니다.

비구들이여, 누구든지 7일 동안 이 4념처를 이와같이 수행하면, 지금 여기에서 깨닫거나 유여(有餘)의 불환과(不還果), 둘 가운데 하나의 과(果)를 기대할 수 있을 것이오. (이중표 역해, 『정선 디가니까야』, 「대념처경」)

붓다 시대와 달리 현대인들은 대부분 고등교육을 받은 사람들입니다. 또한 너무 많은 지식과 정보에 노출되어 있습니다. 책과 유튜브, 디지털 미디어의 격류에 휩쓸려 하루 온종일 생각이 미친 듯이 질주합니다.

지식과 정보가 많다는 것은 생각과 번뇌 망상이 많아 깨달음에 이르는 데 장애 요인이 되기도 하지만, 또한 그만큼 깨달음을 알고 이해하고 꿰뚫는 데 긍정의 요소로 작용하기도 합니다.

21세기 디지털 시대에 간화선은 오히려 문자와 영상, 글과 소리를 단칼에 부러뜨려 명부로 보내고 선 수행의 새로운 길을 열 수 있을 것입니다. 수불 스님의 7박 8일 간화선 수행은 그 생생한 현장입니다.

오늘의 숲길 걷기명상을 시작합니다.

임제에게 죽은 붓다가 옆에서 함께 걷습니다. 붓다를 죽인 임제가 저 앞에서 걸어갑니다.

시원한 바람이 붑니다. ☀

제5장 세상 속에서 걷기

31. 언어 지능의 경이로운 발명품, 국가

인류의 정착과 농경

수십만 년 동안 수렵채취인으로 살던 현생 인류는 4만~4만 5천 년 전 언어 사용 이후에도 계속 몇만 년 동안이나 수렵채취인으로 살았습니다. 그러다가 빙하기가 끝나가던 약 1만 3천 년 전부터 정착생활과 최초의 농경을 시작하게 됩니다. 호모 사피엔스의 생존방식에 일대 혁명이 일어난 것입니다. 고고학의 연구 성과는 정착이 먼저 시작되었고, 그리고 시차를 두고 농경이 시작되었다고 말합니다. (위르겐 카우베, 『모든 시작의 역사』, 김영사)

정착과 농업혁명은 당시 빙하기가 끝나고 따뜻해진 기후변화의 산물이었습니다. 그러나 기후변화가 곧바로 정착과 농업을 낳은 조건은 아니었습니다. 정착과 농업의 발견, 문명의 발생은 서로 다른 다양한 요인이 복합 작용한 결과였지만 그 중에서도 가장 큰 핵심 요인은 호모 사피엔스의 뛰어난 환경적응력과 생존 능력 덕분이었습니다.

인간의 이런 능력은 물론 언어를 통한 지능폭발로 자연생태계에 대한 정보와 지식을 이전과는 비교할 수 없을 정도로 풍부하게 축적하고 체계화해서 부족사회 전체가 공유했기 때문에 생길 수 있었습니다. 언어를 통해 세대에서 세대로 전승된 이런 지식과 정보를 토대로 선택한 새로운 세계가 바로 정착과 농경이었습니다.

수렵채취 생활에서 정착생활로 전환한 주요 요인으로 학자들은 대부분 인구압박을 듭니다.

거대한 몸집의 코끼리는 인간의 가청 주파수보다 훨씬 낮은 초저주파수의 소리도 들을 수 있을 정도로 청각이 놀라울 정도로 발달 되어 있습니다. 초저주파 소리는 아주 먼 거리까지 전달됩니다. 아프리카 나미비아의 건조지대에서 위성항법장치(GPS)를 단 한 무리의 코끼리 떼는 수백 km 떨어진 곳에서 천둥을 동반한 폭우가 쏟아지는 것을 알아차리고는 여행 경로를 바꿔 물이 있는 그곳으로 향했습니다.

코끼리에게 사자의 포효 소리를 스피커로 들려주면 코끼리는 스피커를 향해 돌진해갑니다. 사자 정도는 가볍게 제압할 수 있다는 자신감의 표현입니다.

그러나 마사이족의 남성들 소리를 들려주면 코끼리 떼는 즉시 가모장(家母長, 코끼리 떼의 여성 우두머리) 코끼리를 중심으로 새끼들을 가운데 두고 촘촘하게 원형 대열을 이루는 방어진형을 구축합니다. 창을 들고 떼 지어 공격하는 마사이족 전사 남성 무리에게는 자신들의 거대한 몸집도 상대하기가 어렵다는 사실을 경험을 통해 알고 있고, 이를 어릴 적부터 학습했기 때문입니다.

창을 만들어 사람이나 다른 원숭이 떼를 공격하는 원숭이 무리 사례는 아직 보고된 바 없습니다. 화살을 만들어 다른 침팬지 무리나 사람을 공격하는 침팬지 무리 사례도 아직 보고된 바 없습니다.

　오직 인간만이 창과 화살 같은 무기를 만들어 떼 지어 대형 포유류를 사냥합니다. 다른 부족이 칼을 만들어 쓰면 금방 그 칼을 모방해 자신들도 칼을 만들어 사용합니다. 언어 지능을 발달시켰기에 가능한 일입니다.

　무기의 발명을 통해 생태계의 제왕으로 등극한 호모 사피엔스는 시베리아와 북극, 바다 건너 호주와 뉴질랜드, 환태평양의 고립된 섬들까지 지구상의 모든 대륙으로 퍼져나갔습니다. 그런데 1만 3천 년 전 무렵부터는 이동해서 수렵채취 생활을 할 수 있는 더 이상의 땅이 남아 있지 않았습니다. 이웃 수렵채취 부족과의 전쟁을 통하지 않고 생존해 나갈 수 있는 선택지는 유일하게 정착 생활뿐이었습니다.

　실제로 고고학 증거는 이 당시 부족 간 전쟁이 끊이지 않고 격렬하게 일어났음을 말해주고 있습니다. 이동이 불가능한 제한된 지역 내의 부족 간 전쟁은 모아이 거대 석상으로 유명한 라파누이(이스터) 섬의 원시림 파괴와 기근 사태, 모아이 문명의 붕괴 사례가 극명하게 보여주고 있습니다. (존 플렌리 등 지음, 『이스터섬의 수수께끼』, 아침이슬)

　1938년 미국 자연사박물관 탐험대는 접근이 거의 불가능한 뉴기니섬의 열대우림 속 대협곡에 고립돼 정착 생활을 하고 있던 5만 명의 원시 부족들을 '발견'했습니다. 이들은 철저하게 외부와 단절된 채 수 천 년 이상을 정착과 농경 생활을 해왔습니다. 이들의 가장 뚜렷한 특징 가운데 하나가 끊이지 않는 부족 간 상시 전쟁 상태였습니다. (재레드 다이

아몬드, 『제3의 침팬지』, 문학사상사)

정착과 농경은 중동, 인도, 동아시아, 인도네시아, 환태평양의 섬들, 아메리카 등 전세계 도처의 문명 발상지에서 몇 천 년이라는 고고학 연대로 동시다발로 일어난 현상이었습니다.

중동의 이른바 비옥한 초승달 지역의 경우 1년 중 반은 우기였고 반은 건조한 날씨가 이어졌습니다. 나무는 자랄 수 없었고 대신 드넓은 초지가 형성되었습니다. 한해살이풀들은 건조한 계절이 다가오면 말라 죽기 직전에 다량의 씨앗을 퍼뜨리고, 우기가 돌아오면 우후죽순으로 풍성하게 솟아나는 방식으로 자연 선택되었습니다.

이 초원에 정착한 언어 사용 수렵채취인들은 초원의 동물들을 사냥하고 식물의 열매를 채취하면서 초원 생태계에 적응해 생존해 나가야 했습니다. 고도의 언어 지능을 갖춘 수렵채취인들은 자신들과 함께 초지를 생존의 터로 살아가던 초식동물 가운데 양, 염소, 소, 돼지 등을 가축화할 수 있었습니다. 나아가 한해살이풀 가운데 100여 종을 식량작물화하는데 성공했고, 점차 품종을 개량에 나가기 시작했습니다.

동물 가축화와 식물의 품종개량은 인류 최초의 유전자 조작이었습니다.

식량의 저장이 가능해지고 가축 수를 늘릴 수 있게 되면서 이런 풍요는 기후변화에 따른 기근도 대비할 수 있게 해주었습니다. 널리 알려져 있듯이 정착과 농경은 곧바로 문명의 발달과 도시 국가의 출현으로 이어집니다.

국가와 계급의 형성

농경을 시작한 정착 부족사회에서는 농업의 집약화와 함께 종교 의례의 발달, 제사장의 권력화, 족장 사회에서의 계층화 진전, 전사집단의 등장과 전리품 분배 등등 국가로 나아가는 동일한 유형의 특징들이 나타나기 시작합니다.

실제로 메소포타미아의 수메르 도시 국가뿐만 아니라 그리스, 인도, 중국, 중남미 등 국가 출현 이전 부족사회와 부족연맹 단계의 소국가들에서는 대부분 이런 일들이 일어났습니다.

농업이 인간에게 더 많은 식량과 풍요로운 삶을 보장해주었던 것은 사실입니다. 그러나 농업으로 전환하고 도시 국가가 생기면서 인류는 서서히 중노동의 멍에를 뒤집어 쓰게 되었던 것 또한 사실입니다.

국가의 출현이란 계급의 출현입니다. 수메르와 잉카 등 모든 도시 국가에는 중앙에 신전이 세워져 있었습니다. 국가에는 다양한 부족민들을 통합하는 상징으로서 이 같은 종교 의례용 거대 건축물이 필요했습니다. 그리고 제사장, 세금징수인, 군인 등 일하지 않으면서 권력을 집행하는 지배계급이 형성되었습니다. 이들은 일하는 사람들로부터 식량을 비롯한 모든 물자를 의존해서 살아갔습니다. 일하는 사람들은 농민과 그리고 수많은 노예였습니다. 노예는 국가를 유지시키는 맨 밑바닥 초석이었습니다.

약 20만~30만 명이 살았던 최초의 민주주의 도시 국가 아테나이에서도 육체노동의 대부분을 담당했던 노예는 주권자인 성인 남성 3만 명보다 훨씬 많았던 것으로 알려져 있습니다. 민주주의 국가조차 노예가 많으면 많을수록 국가에는 더 많은 권력과 부가 집적되고 집중되는 구조였습니다. (폴 우드러프, 『최초의 민주주의』, 돌베개)

정착 생활을 하게 된 수렵채취 부족들 가운데 일부는 농업으로 완전히 전환한 이웃 부족들이 있었음에도 농경으로의 완전한 전환과 도시 국가 형성으로 나아가는 것을 주저했습니다. 농경의 이점을 충분히 알고는 있었지만 또한 동시에 국가의 폭력성과 부작용에 대한 저항도 만만치 않았습니다. 이들은 대부분 농경과 수렵채취를 병행하는 부족공동체 생존 방식을 선호했습니다.

아메리카 원주민 부족사회와 부족연방이 국가로 나아가는 것을 거부하고 있었던 것은 사회를 뛰어넘는 국가의 권력과 폭력 집중이 어떤 결과를 초래할지 너무나 잘 알고 있었기 때문이라고 할 수 있습니다. (피에르 클라스트르, 『국가에 대항하는 사회』, 이학사)

국가는 출발부터 전쟁기구 자체였습니다. 부족연맹의 전사들은 국가의 상비군이 되었습니다. 이들 군대는 세금과 전쟁의 전리품으로 운영되었습니다. 다른 국가와 부족을 침략해 식량과 물자, 여성과 노예를 약탈하는 것은 전투 중에 죽는 사람이라는 손해보다 훨씬 큰 이익을 가져다주는 선택이었습니다. 기근이 닥쳤을 때는 선택의 여지가 없이 전쟁을 벌이지 않을 수 없었습니다.

18세기까지 남아프리카에는 소를 키우며 이동식 유목 농업을 하는 반투족들이 살고 있었습니다. 그런데 19세기 초 족장 중의 한 사람이었던 딩기스와요가 종교를 통합하고 각 부족의 젊은이들로 강력한 전사부대를 만들어 수많은 전쟁을 통해 줄루족 왕국을 건설했습니다. 이 과정은 부자간, 친족 간, 군사 지도자 간 피 흘리는 권력투쟁과 함께 기록이 없던 1만 3천 년 전 수메르 도시 국가 건설의 생생한 현대식 재현이었다고 볼 수 있습니다. (아자 카트, 『문명과 전쟁』, 교유서가)

2차 지능폭발, 지금 여기

전세계 모든 지역의 원시부족은 그 지역 환경에 뛰어나게 적응해 거의 예술작품에 가까운 도구를 사용하면서 일상생활을 영위해 왔습니다. 에스키모인들과 칼라하리 사막의 수렵채취민들, 농경 정착민인 아메리카 인디언들까지 이들의 하루 평균 노동시간은 3~4시간에 지나지 않았습니다. 인류학자인 마샬 살린스는 이들 사회를 최초의 "풍요사회"라고 불렀습니다. (마샬 살린스, 『석기시대 경제학』, 한울아카데미)

인디언들은 백인들의 철제 도끼가 생산성이 높다는 것을 알았을 때 그 철제 도끼를 10배를 더 생산하기 위해 사용하지 않고 노동시간을 1/10으로 줄이는 데 썼습니다.

전쟁 기구인 국가는 이와 달리 끝없는 정복과 확장, 성장을 추구했고 오늘날 자본주의와 사회주의 근대 국민국가에까지 이르렀습니다.

국가는 국가 이전 인류의 지능폭발이 만들어낸 정착과 농경의 산물이자 상상의 가공물이었습니다. 그리고 일단 상상의 건축물인 국가는 형성과 동시에 인류의 거대한 2차 지능폭발을 촉발시켰습니다. 국가는 새로운 수많은 상징과 개념을 필요로 했고, 이는 곧바로 인간의 사회성 지능폭발로 이어졌던 것입니다.

국가는 국가의 필요에 의해 문자를 비롯하여 바퀴와 전차 같은 각종 도구와 무기, 건축기술들을 발명해냈습니다. 신과 신전을 둘러싼 무수한 종교 상징과 스토리, 법과 제도라는 가상의 공유 질서, 세금 징수인, 관료 등 새로 만들어진 다양한 직업 등등 국가는 전혀 새로운 수많은 개념 언어들의 질서를 창조하고 문자로 기록했습니다.

학문 또한 국가의 필요에 의한 세계관의 체계화와 조사연구 작업이었습니다. 이것은 지금도 계속되고 있습니다.

그리고 마침내 인류는 인류의 뇌 용량으로는 감당할 수 없는 3차 지능폭발을 외주화해서 인공지능에게 맡기려 하고 있습니다. 이미 우크라이나-러시아 전쟁과 팔레스타인-이스라엘 전쟁은 공상과학 소설처럼 인공지능의 인공지능에 의한 인공지능 전쟁으로 변하고 있는 중입니다.

우리는 인간의 언어와 역사를 함께 공유하는 3차 지능폭발의 인공지능과 과연 어떻게 함께 공존과 공유의 세상을 만들어 나갈 수 있을까요?

그에 앞서 어떻게 하면 미친 듯이 질주하는 성장과 개발의 세계관을 말에서 내려 멈추게 할 수 있을까요? 오늘날 끝없이 되풀이되는 증오와 보복의 악순환, 전쟁과 학살을 그칠 수 있는 단호한 '멈춤'의 결단은 어디서부터 어떻게 가능하게 할 수 있을까요?

이것이 있으면 저것이 있고, 이것이 생기면 저것이 생기고, 이것이 소멸하면 저것이 소멸합니다. 그런데 조건이 너무나 많으면 그 조건에 의지해 무엇이 생길지 도무지 알 수가 없게 됩니다. 오늘날 초인공지능의 등장이 어떤 결과를 가져올지 우리는 짐작만 할 뿐 알 수가 없습니다.

다만 지금 여기에서 최선의 붓다 깨달음 실천, 멈춤과 청정한 삶의 공유와 확대를 나부터 먼저 실행할 따름입니다.

걷습니다. 나부터 먼저 걷습니다. 태초로 걷습니다. ☀

32. 창백하고 푸른 점, 지구별 티끌 걷기

새벽입니다. 어슴푸레한 방문을 열고 밖으로 나가니 스무 걸음 정도 너머 바깥 풍경은 짙은 안개 커튼에 가려 보이지 않습니다. 안개 속을 맑고 고요하고 깨끗하고 텅 빈 몸과 마음으로 걷는 것도 색다른 지금 여기의 기쁨입니다.

집 뒤에 있는 나만의 숲 속 걷기명상 길을 천천히 걷습니다. 동네 사람들도 잘 다니지 않는 산길입니다. 숲길 중간 오르막에 나란히 계단식으로 3개의 봉분 무덤이 있습니다. 늘 여기서 천천히 왔다 갔다 죽음 없음의 걷기명상을 합니다. 오직 오늘 지금 여기 이 순간 깨어남의 발바닥과 들숨날숨을 알아차리고 주시하면서 마음을 기울입니다.

죽음은 생각하는 것만으로도 끔찍한, 피하고 싶은 공포 그 자체입니다. 그러나 붓다를 만나 붓다 가르침을 접하고, 무상, 고통, 무아의 이치를 꿰뚫어 알면 죽음의 공포는 사라집니다. 호흡명상을 통해 자아의 생멸과 죽음 없음을 체험합니다. 그래서 늘 붓다에게 경배하며 걷습니다.

그냥 생각 없이 무덤 앞을 걷습니다.

사람들은 무상의 이치에 대해서는 대부분 깨닫고 있습니다. 학교에서 배운 과학은 그렇다고 말합니다. 삶이란 불만족스럽고 고통의 연속이라는 사실도 잘 이해하고 있습니다. 그런데 나, 자아란 없고 개념에 불과하다는 말은 받아들이기가 쉽지 않습니다.

태어나서 병들고 죽는 내 몸뚱아리는 생생한 현실감으로 엄연히 존재합니다. 늘 생각하고 있기 때문에 생각하는 나의 존재가 없다고 하는 게 쉽게 납득이 가지 않습니다. 알아차림 하고 깨달음을 얻는 배경자아로서의 나도 엄연히 생생하게 존재하는 것처럼 인식됩니다. 다만 다시 태어난다거나 윤회한다거나 하지 않을 뿐이라고 생각합니다.

붓다 시대에도 존재했던 단멸론(斷滅論)은 오늘날 근대 과학의 시대에는 더 확산되어 있다고 할 수 있습니다.

우리는 한국 철학이나 문화보다 서구 철학과 문화를 중심으로 세계를 배워왔습니다. 오직 근대화, 서구화를 지상과제로 삼아 1백 년 이상을 개발하고 성장해서 선진국이 되었습니다. 우리의 세계관이 얼굴 흰 백인보다 더 하얗게 된 것은 어찌 보면 당연한 일입니다.

우리 말글인 한글로 걷기명상을 설명하면서 양자역학과 뇌과학 등 주로 서구의 연구 성과를 언급하는 게 조금은 거시기합니다. 그러나 프랑스인이나 미국인이나 팔레스타인이나 유대인이나 우크라이나인이나 러시아인이나 우리는 모두 붓다와 예수. 이사야, 무함마드를 함께 공유하고 나누는 자매형제들입니다.

다시 프랑스의 수학자이자 신학자인 파스칼을 예로 들겠습니다. 파스칼의 저서 『팡세』는 제목이라도 기억하는 분이 많을 것입니다. '팡세'는 우리 말로는 '생각'입니다. 파스칼은 인간을 '생각하는 갈대'라고 말해 유명합니다.

파스칼은 고백합니다. 내가 차지하고 있고 내가 직접 보고 있는 이 작은 공간에서 내가 알지 못하며 또 나를 알지 못하는 저 무한하고 광대한 우주 공간을 생각하면 나는 공포를 느낀다.

광대한 우주 속의 한 점 티끌인 지구별, 그 한 점에 들러붙어 있는 더더더더욱 작은 한 점 티끌인 나라는 존재에 대한 두려움, 이런 두려움과 공포는 파스칼뿐만 아니라 우리 주위의 수많은 사람들이 공유하고 있는 생각입니다.

걷기명상을 통해 자아 없음과 죽음 없음을 이해하고 꿰뚫어 알고 체험하면 적어도 이런 생각의 두려움으로부터 해방될 수 있습니다. 사실 걷기명상을 조금만 해도 어느 순간 죽음의 공포에서 벗어납니다. 걷기명상의 힘입니다.

체념과 깨달음은 다릅니다. 그럼에도 체념한 사람이 죽음 없음의 깨달음 뗏목에 쉽게 올라탈 수 있습니다. 나이 든 사람일수록 걷기명상을 하는 게 정신건강에도 좋은 까닭입니다.

1990년 2월 14일 지구로부터 약 61억km 떨어진 곳에서 보이저 1호가 카메라의 방향을 돌려 지구를 찍었습니다. 사진에서 지구는 한 점일 뿐입니다. 이것이 그 유명한 '창백하고 푸른 점'(pale blue dot)입니다. 미 항공우주국(NASA)에 보이저 1호의 지구 촬영을 제안했던 칼 세이건은 이 사진을 보고 이런 감상을 남겼습니다.

저 점을 다시 보자. 저기 있다. 저것이 우리의 고향이다. 저것이 우리다. 우리가 사랑하는 모든 이들, 우리가 알고 있는 모든 사람들, 당신이 들어봤을 모든 사람들, 존재했던 모든 사람들이 그곳에서 삶을 영위했다.

우리의 기쁨과 고통의 모든 총합, 확신에 찬 수천의 종교와 이데올로기와 경제 이론들, 모든 사냥꾼과 약탈자, 모든 영웅과 비겁자, 문명의 창조자와 파괴자, 왕과 농부, 사랑에 빠진 젊은 연인들, 모든 아버지와 어머니, 희망에 찬 아이들, 발명가와 탐험가, 모든 도덕 교사들, 모든 부패한 정치인들, 모든 슈퍼스타, 모든 최고 지도자들, 우리 종(種) 역사 속의 모든 성인과 죄인들이 저기—태양 빛 속에 부유하는 먼지의 티끌 위—에서 살았던 것이다. (칼 세이건, 『창백한 푸른 점』, 민음사)

우리가 흔히 불교 세계관으로 알고 있는 염라대왕은 산스크리트어 야마(yama)의 음역입니다. 붓다 당시 일반 사람들을 지배했던 브라만교의 신 가운데 하나로 죽음을 관장하는 신입니다. 죽은 사람을 평등하게 판결한다고 해서 법과 정의의 신으로도 불리고, '파괴자', '시간', '암흑'같은 별칭으로도 불립니다. 최초로 죽은 신이기에 지하세계의 죽음을 관장하게 되었다고 합니다. 사실 종교로서의 불교에는 브라만교의 세계관과 의례가 엄청나게 많이 혼재되어 있습니다.

붓다는 죽은 사람을 더 좋은 세계로 보내기 위한 브라만교의 제사의식이나 주문(mantra, 眞言) 등을 쓸데없는 행위로 철저히 배격했습니다. 그러나 베다의 세계관에 갇혀 살고 있는 중생들에게 삶의 진리를 깨닫게 하기 위해서라면 당시 베다 세계관의 용어와 설명을 적절하게 차용해서 설법을 했습니다.
그런데 붓다 사후에 붓다의 가르침과 계율에 대한 해석 차이로 수많은 부파가 출현하게 됩니다. 부파불교는 대중과 유리된 사원에 안주해 지나친 추상논리를 전개하는 경향이 있었습니다. 브라만교 세계관을 대폭 수용하기도 했습니다. 이를 비판하고 중생 구제라는 붓다 본연의 삶으로 돌아가자는 운동이 대승(大乘) 불교운동, 큰수레 불교운동입니다.

대승불교가 새로 편집해 만든 붓다 가르침 경전 중에 반야부 경전이 있습니다. 우리에게 익숙한 260자 반야심경은 반야부 경전의 핵심을 요약한 정수입니다. 그 반야심경의 맨 마지막은 '보디 스바하'라는 브라만교 주문입니다. 보디(bodhi)는 깨달음이고 스바하(svaha)는 영원하라, 행복하라는 뜻으로 깨달음의 성취를 축원하는 말입니다.

큰수레 불교운동 당시 인도인들은 힌두 탄트라의 주문 마법과 미신에 강하게 포획되어 있었습니다. 불교에도 탄트라 종파가 생길 정도였습니다. 이런 시대 상황 속에서 큰수레 운동의 스님들은 힌두 주문 대신에 붓다 가르침을 하나의 만트라로 만들어 중생들에게 보급하는 방편을 사용했던 것입니다.

반야심경의 핵심 가르침 또한 태어남도 없고 소멸도 없고, 늙어죽음도 없고 늙어죽음의 다함도 없다는 무아와 공 사상의 붓다 가르침입니다.

틱낫한 스님은 아이들에게 태어남과 죽음이 없다는 연기법 이치를 질문을 통해 생각해보고 추론하게 합니다. 붓다는 소크라테스와 플라톤의 대화법보다 훨씬 간명하게 체험과 행동을 유도하는 질문을 통해 사람들이 진리를 스스로 깨닫게 한 스승이었습니다. 틱낫한 스님은 21세기의 붓다입니다.

강아지는 어디에서 왔을까요?

여러분의 생일은 언제인가요?

왜 그날을 생일이라고 부르나요?

엄마 뱃속에서 나왔을 때를 태어났다고 말할 수 있을까요? 태어난다는 것은 아무것도 아닌 것에서 무언가로 된다는 것을 의미합니다. 우리는 엄마 뱃속에서 아무것도 아니었을까요?

우리는 엄마 뱃속에서 이미 살고 있었습니다. 그럼 엄마 뱃속에서 살고 있기 전에는 무엇이었나요. 그때는 아무것도 아니었나요?

우리의 일부는 엄마에게 있었고, 일부는 아빠에게 있었다면, 엄마 아빠는 태어나기 전에 어디 있었나요?

마지막으로 틱낫한은 아이들에게 말합니다.

우리는 한 번도 아무것도 아닌 적이 없습니다. 우리는 한 번도 태어난 적이 없습니다. 우리는 항상 태어나고 있다고 말할 수 있습니다. 항상 무언가가 되고 있기 때문입니다.

나는 한 번도 아무것도 아닌 적이 없습니다. 가끔 우리는 하나의 생각이 되기도 합니다. 때로는 다른 사람의 일부분이 되기도 하고, 때론 지금 이 자리에서 온전히 우리가 되기도 합니다. 아마 우리는 구름이었을 것이고, 꽃이나 강물이기도 할 겁니다.

우리가 생일이라고 부르는 날을 '연속의 날'이라고 부르는 것이 낫다고 생각합니다. (틱낫한 • 플럼빌리지 커뮤니티, 『틱낫한 스님의 마음정원 가꾸기』)

창백하고 푸른 한 점 지구별 티끌 위에서, 그 지구별 티끌의 또 한 점 티끌로 걷습니다.

죽음의 두려움 없이 걷습니다. 그냥 무덤 앞 잔디를 걷습니다. ☀

33. '개인'은 없습니다

태풍이 한반도를 관통한다고 합니다. 새벽부터 장대 같은 폭우가 쏟아지고, 세찬 바람이 거세게 붑니다.

수많은 전쟁터에서 목숨을 잃은 사람들이 쏟아져 내려옵니다. 지금 여기 팔레스타인과 우크라이나, 미얀마에서 학살당하고 있는 어린아이들과 주민들의 비명소리 또한 강풍에 실려 창문을 두들깁니다.

깨어 일어나 방석 위에 반가부좌로 앉아 들숨날숨 호흡을 합니다. 그래도 자꾸 몇 개의 이미지가 마음을 헤집고 떠오릅니다. 2019년 10월 터기의 한 휴양지 해변에 시리아 난민인 3살짜리 에이란 쿠르디가 모래에 얼굴을 묻은 채 숨진 시신으로 발견됩니다. 쿠르디 가족은 시리아 내전을 피해 유럽으로 탈출하려고 보트를 탔다가 배가 뒤집혀 참사를 당했습니다.

2024년 5월 팔레스타인 가자지구 병원에서 이스라엘군의 점령 당시 집단 매장된 400여 구의 시신을 발굴했다는 기사의 현장 사진도 떠오릅니다.

일어나서 방안을 걷기 시작합니다. 내가 할 수 있는 최선을 다해 마음을 기울여 자비명상의 발걸음을 옮깁니다. 한 걸음 한 걸음에 평화와 자비의 마음으로 지구별 행성에 도장을 찍습니다. 죽음을 맞이한 이들에게 고요함과 안식이 있기를 간절히 기도합니다.

굶주림과 공습의 공포에 떨고 있는 팔레스타인 아이들과 주민들에게 평화와 자비가 함께 하기를 기도하며 걷습니다. 죽음의 두려움에 잠을 이루지 못하는 우크라이나 아이들, 주민들과 자비의 마음으로 함께 걷습니다.

나 한 사람뿐이라고 폄하하지 않습니다. 모든 시작은 한 사람으로부터 시작합니다.

문명이 발생하고 국가가 등장한 이래 지금까지 인류는 공동체의 기본 단위로서 '개인'이라는 개념을 가져본 적이 없습니다.

서구 근대 사회의 주요한 성과가 실체로서의 개인을 발견하고 신으로부터 개인을 해방시켰다는 주장은 이른바 서구 근대 계몽철학이 조작해 낸 이데올로기에 불과합니다. 자아를 고유하고 독립된 개별 실체로 보는 것이 서구 이원론과 기계론의 세계관이 만들어낸 환상이듯, 인간의 경험 이전에 이미 존재하는 실체로서의 개별 개인들이 모여 공동체를 구성한 다는 관념 자체가 망상입니다.

우리는 가족과 씨족 구성원으로서 어머니 아버지이자 딸 아들이고 할머니 할아버지, 이모 이모부, 고모 고모부, 이웃집 아무개 엄마 아빠입니다. 나라는 개념 자체가 '너'와 '그'를 전제로 합니다. 나를 의지하여 너와 그가 있고, 딸아들, 손녀손자, 이웃과 마을 사람들이 있습니다. 붓다도 붓다 이전에는 싸끼야 족의 싯닷타였고, 붓다 이후에도 일반 대중들은 붓다를 싸끼야 족의 수행자, 성자로 인식했습니다.

오늘날의 용어로 공동체와 사회, 국가를 구성하는 것은 개인이 아니라 이 같은 나와 너, 이웃, 지역공동체의 '상호 존재' 관계망, 그물망입니다.

약 4백여년 전, 베이컨과 데카르트, 뉴턴에 의해 확립된 기계론, 존 로크와 아담 스미스, 마르크스 등이 만들어낸 근대경제학과 정치경제학, 다윈의 진화론과 스펜서의 사회진화론, 요컨대 서구 근대의 진보 이념이 세상을 오늘날의 모습으로 망쳐놓았습니다. 기후를 망쳐놓고, 아마존 숲을 파괴하고, 공기를 오염시키고, 바닷속 산호초를 떼죽음으로 몰아넣었습니다. 수많은 생명체들을 죽이는 6번째 대멸종을 일으켰습니다.

물론 여전히 많은 사람들이 이런 세계를 진보의 결과로 빚어진 좋은 세상이라고 보고 알고 그렇게 살고 있습니다. 이들은 생태계 파괴는 진보와 번영에 따르는 불가피한 '부수현상'이고, 조만간 과학기술이 이런 피해를 원상복구 시킬 것이라고 말합니다.

자본주의와 결합된 개인주의는 개인과 공동체가 극단으로 해체된 파편 사회를 낳았습니다. 이제는 파편화된 개인들의 사회를 넘어 파편화된 핵개인의 시대라고까지 말합니다. 심지어 개인도 유전자와 뉴런과 호르몬 등으로 해체되고 쪼개지고 있습니다.

개발과 성장 체제의 바벨탑은 조만간 무너집니다. 기후재난도 재난이지만 성장 기계에 동력을 제공하는 에너지와 모든 천연자원의 고갈이 눈앞에 다가와 있기 때문입니다. 원인이 있으면 반드시 결과로 나타납니다. 선형 인과율이 아니라 붓다의 상호 인과율이 그렇게 말해줍니다.

자본주의는 지구 생태계라는 닫힌 계 안에서 이미 50여 년 전인 1972년 도넬라 메도즈 등이 『성장의 한계』에서 제기했던 자원 고갈 문제에 대해 준비를 할 수 있는 체제가 전혀 아닙니다. 그냥 추락의 절벽을 향해 제동장치 없이 고속으로 무한 질주할 뿐입니다.

근대 산업화라는 이데올로기에 갇혀 있는 상태에서는 성장과 개발의 파국을 막을 수 있는 그 어떤 방안도 실행될 수 없습니다. 기후위기와 생태계 파괴의 그 어떤 대안도 찾아질 수 없습니다. 바벨탑 안에서는 바벨탑이 보이지 않습니다.

세상을 바꾸고자 하는 사회운동과 정치운동은 먼저 분노부터 멈추고 내려놓아야 합니다. 분노를 결집해서 저항하는 투쟁과 전쟁으로는 결코 세상을 바꿀 수 없습니다. 지난 세기 구소련을 비롯한 현실 국가사회주의 실험의 실패가 명확히 입증한 바는 분노의 결집은 또 다른 분노의 결집을 가져오고 새로운 지배계급만 등장시킬 뿐입니다.

세상을 바꾸기 위해서는 붓다가 깨닫고 실천했듯이 먼저 사람의 마음부터 바꿔야 합니다. 아상(我相)과 세계를 버리고 태초를 경험하고 체득해야 합니다. 마음을 바꾸고 세계관을 근본에서부터 전환해야 합니다. 욕망과 분노와 무지를 버려야 합니다. 나부터 바꿔야 합니다.

나부터 걷기명상을 하고 태초가 돼야 합니다. 그래야 바벨탑 안에서 바벨탑 바깥의 걷는 사람들을 볼 수 있습니다. 그래야 세월호처럼 기울어져 가는 바벨탑의 출구를 찾을 수 있습니다.

그런 근본의 전환을 통해 우리는 진정한 이웃 관계, 내가 너이고 네가 나인 상호존재의 그물망으로서 이웃 공동체를 회복할 수 있습니다. 그것이 붓다의 가르침인 칠불퇴의 공동체, 자주 모이고 많이 모이고, 해야 할 일을 화합하여 결정하고, 서로 존중하고 공경하고, 선각자와 원로를 존중하는 공동체입니다. 그런 화합과 서로 존중의 토대 위에서 실천하고 행동하는 것이야말로 법문과 함께 서원의 삶을 사는 것입니다.

예수는 하느님의 나라는 이미 너희 가운데 있다고 사람들을 일깨웠습니다. 가장 밑바닥에서 하루하루 생사의 두려움으로 신음하고 있는 가난한 사람들의 마음을 존엄한 기적의 체험자로 일으켜 세웠습니다. 그리고 공유식사의 기적과 기쁨을 통해 우애와 환대의 강력하고도 흩어지지 않는 복음공동체를 지금 여기에서 형성해 나갔습니다.

예수는 바벨탑 바깥의 변방에서 새로운 하느님 나라의 태초를 열어제끼는 건설자였습니다.

다시 한 걸음 내딛습니다.

창문 두들기는 비명소리와 함께 방바닥에 평화와 자비의 발도장을 찍습니다. ☀

34. 사회성 뇌

공유 언어

외부에 객관으로 존재하는 그런 세계란 없습니다. 뱀은 귀가 없지만 긴 혀를 내밀어 세밀하게 냄새를 분별하고 피부가 감지하는 진동과 눈으로 세계를 인식합니다. 이원색의 시각을 가진 개는 눈으로는 흐릿한 세계를 볼 수 있을 뿐이지만 사람보다 50배나 많은 2억~3억만 개 이상의 코 감각 수용체가 맡은 냄새와 예민한 귀가 듣는 소리로 세계를 인식합니다. 장거리 여행 새는 자외선과 지구 자장까지 눈으로 봅니다. 박쥐는 초음파로 세계를 인식합니다.

개가 보는 세계와 뱀, 박쥐, 새가 인식하는 세계, 사람이 보고 실감하는 세계 가운데 어느 것이 객관으로 존재하는 세계인지 확언할 수 없습니다.

개와 뱀, 박쥐, 새, 개미의 뇌는 세계를 왜곡해서 인식하는 게 아닙니다. 지구별 행성의 생태계에 적응하고 생존해 나가기 위해서 생명체 각자의 몸과 감각기관의 조건에 따라 그 조건에 걸맞게 세계를 '편집'해서 인식할 따름입니다. 그래야 시시각각 변하는 세계에서 살아나갈 수 있습니다.

왜곡이란 말은 진짜 모습이 따로 있다는 생각입니다. 서구 이원론의 이데아와 힌두이즘의 브라흐만과 같은 생각입니다. 그러나 객관으로 존재하는 진짜 세계란 없습니다.

사람의 뇌 또한 세계를 왜곡해서 인식하지 않습니다. 우리의 뇌는 주위환경에 적응해 생존하기 위해 세계를 우리에게 맞게 편집해서 인식할 따름입니다. 인공지능의 '환각'처럼 잘못 보고 잘못 대답하는 게 아닙니다.

사람의 세계관이란 언어로 만든 개념의 건축물입니다. 현실에 대한 날카로운 비판의식도 현실에 대한 모든 착시도 언어에서부터 시작합니다. 공자가 바른 이름(정명 正名)을 강조한 것도, 붓다가 정견을 수행의 제일 의제로 설정하고, 명색(名色)과 식(識)을 깨달음의 핵심 대상으로 삼은 것도 이 때문이라고 할 수 있습니다.

동굴 벽에 그림을 그리고 부족의 서사시를 구전으로 전수하는 것은 개인을 뛰어넘어 세대에서 세대로 전해지는 집단 전체의 기억 시냅스 연결입니다.
인간은 언어를 통해 자신들의 사회성을 과거와 미래로까지 확장시켰습니다. 그리고 작은 씨족에서 부족연합을 거쳐 도시 국가와 제국으로까지 규모를 확산시켰습니다.

인간의 언어가 공유언어라는 지적은 하나마나한 동어반복이 아닙니다. 오늘날 극단화된 사유재산 개념과는 정반대로 언어는 공유재산이라는 확연한 사실을 재확인하는 '낯설게 하기'의 명제입니다. 원시부족의 구전 서사시나 동굴벽화, 도시 국가 수메르 점토판의 문서 기록, 전세계 도서관의 소설과 역사서를 비롯한 지식과 정보, 디지털 네트워크에 저장된 모든 인간 행동의 정보와 기록은 인간의 사회성이 과거와 미래, 전세계로 확장되고 확산된, 인간 지능의 폭발을 보여주는 거대한 피라미드입니다. 이윤창출의 도구인 사유재산이 결코 아닙니다.

인간은 공유 언어를 통해 공유하는 공통의 모국어 세계를 살고 있습니다. 에스페란토어가 보급되지 않고 있는 이유는 에스페란토어가 모국어인 인간이 전혀 없고, 당연히 에스페란토 문화도 만들어지지 않았기 때문입니다.

인간의 뇌구조가 수용할 수 있는 친밀한 인간관계의 규모는 21세기인 지금도 여전히 수렵채취 시대의 부족 사회 단위에 머물러 있습니다. 모국어 집단의 크기 또한 일부 다언어 국가를 제외하고 대부분 아직 모국어 사용 국민국가 규모를 크게 넘어서지 못하고 있습니다.

사회성 뇌, 사회성 행동

언어를 사용하는 사회성 동물인 호모 사피엔스의 특징은 사회성 행동입니다. 사람의 행동은 그 어떤 것이든, 심지어 외딴 섬에 갇힌 로빈슨 크루소의 행동도 사회성 행동입니다.

사회성 동물인 인간의 뇌 또한 사회성 뇌입니다. 당연한 말 같은데 사실 그동안 뇌과학은 인간 뇌의 사회성에 대한 탐구는 소홀히 해왔습니다. 서구의 극단화된 개인주의 세계관은 인간의 생존을 보장해주는 가장 중요한 뇌의 사회성조차 경시해온 것입니다.

인간의 뇌는 몸과 마음의 고통과 쾌락을 인식하는 동시에 사회성 고통과 쾌락 또한 인식합니다. 1990년대부터 매튜 리버만을 비롯한 일군의 뇌과학자들은 새로운 학문 분야로서 사회인지 신경과학을 개척해 왔고, 인간에게는 사회성 고통과 쾌감의 신경 메카니즘이 있다는 사실을 밝혀 냈습니다. (매튜 리버만, 『사회적 뇌』, 시공사)

인간은 무리의 구성원으로서 소속에 대한 강한 욕구를 가지고 있습니다. 다른 사람과의 연결을 추구하고 연결이 끊어지는 것에 대한 두려움과 고통을 신체의 고통보다 더 강하게 느끼기도 합니다. 무리에 속해 있어야만 생존이 가능했기 때문입니다.

스스로 돌볼 능력이 없는 상태로 태어난 포유류 새끼는 어미에 꼭 붙어있거나 어미-아비의 근처에 있어야 살아남을 수 있습니다. 새끼는 어미와 떨어지면 공포의 울음을 터뜨리고 구조의 비명을 지릅니다.

인간 아기의 이런 애착과 연결 욕구는 성장하면서 또래 친구와 또래집단, 씨족과 부족, 나아가 사회와 국가로 확대됩니다. 스포츠팀과 선수, 정당과 정치인, 연예인 등에 대한 애착과 강한 유대감도 마찬가지입니다.

인간은 '이기적 인간'이면서 동시에 이타성을 갖춘 인간입니다. 경쟁하면서 동시에 협력합니다.

인간은 사회성 욕구를 충족하고 무리의 응집력을 키우기 위해 다른 사람의 마음을 읽습니다. 인간의 이 같은 '마음읽기' 능력이야말로 다른 사람의 말과 행동에 공감하고 서로 돕는 상호부조의 연대 행동을 통해 인간의 '도약'과 문명 발전을 추동하는 근본 동인이었습니다.

인간에게는 자신을 성찰하고 자신의 특성, 신념, 가치 등을 다른 사람과 관련지어 생각할 수 있는 능력이 있습니다. 집단에서 바람직하지 않다고 평가받는 충동을 억제할 수 있는 자제력이 존재합니다. 다른 사람의 판단을 강하게 의식하고 자신이 공동체 내의 존재라는 자각을 확실하게 가지고 있습니다. 인간은 자신에게 이익이 되는 것이 사회에도 이익이 된다고 생각하는 경향성을 갖고 있습니다. 그것이 자신이 무리의 일원이라는 안도감을 주기 때문입니다.

붓다의 깨달음이 현대 사회와 국가의 변화, 사람들이 모이고 행동하는 사회운동과 정치운동에 가장 중요한 밑거름으로 작동할 수 있는 근거가 다름 아닌 인간 현존의 이런 사회성 때문입니다.

틱낫한 스님의 평화를 향한 걷기명상은 전세계 수많은 바벨탑 안의 사람들에게 강한 호소력과 영향을 주었습니다.

매일매일 수많은 사람들의 편지 글을 받고, 이에 대해 정성스럽게 위로와 격려의 손편지 글을 보내는 이해인 수녀는 "생의 모든 순간이 꽃으로 피고", "고통받는 이웃을 안아만 주기에도 인생은 모자란다"고 말합니다.

이해인 수녀가 수도생활을 하고 있는 부산의 올리베따노 성 베네딕도 수녀회 수도원은 수녀님들이 직접 유기농 농사를 짓고 빵을 굽고 그것을 나눕니다. 지붕에 햇빛발전소를 설치해 전기와 에너지의 자립을 위해 노력합니다. 수녀님들의 묵상과 기도, 헌신과 봉사는 비구니 스님들의 걷기명상과 선 수행, 자비행의 봉사와 똑같습니다.

사람들의 고통을 해결하기 위한 예수의 가르침과 실천, 붓다의 가르침과 실천은 같습니다. 욕망과 성냄과 무지, 갈애와 집착을 멈추고 말에서 내려 앞이 아니라 지금 여기 내 발걸음, 내 옆과 뒤의 발걸음을 보고 꿰뚫고 통찰하라는 것입니다. 이웃과 함께 자비행과 공유의 삶을 나누라는 것입니다.

기후위기 비상행동의 맨 선두에는 늘 성베네딕도 수녀회, 성가소비녀회, 성바오로 수녀회 등의 수많은 수녀님들이 있습니다. 먼저 묵묵히 걷고, 먼저 궂은 일부터 시작하고, 먼저 손을 내밀고, 먼저 한 조각의 빵이라도 나눕니다.

우리는 숲속에서 나무들이 서로 나누는 대화를 함께 듣는 걷기명상 행동주의자들입니다. 나는 나무이고 너는 나뭇잎이고 그와 그녀는 숲 속의 시원한 바람입니다. 우리는 하나입니다.

하나인 우리가 걷습니다. 바벨탑 안에서 걸어 나와 함께 모여 숲 속을 걷습니다. ☀

35. 선정에 갇히기를 거부한 붓다

붓다는 숨을 거두고 완전한 열반에 들기 직전 제자들에게 마지막 유언으로 방일하지 말고 정진하라고 당부합니다.

열반을 빨리 체험해라, 아라한이 되어라 등의 당부와 잔소리(?!)가 아니었습니다. 팔정도의 정정진이었습니다.

당부와 잔소리란 표현은 붓다 입멸 직후 늙어서 출가한 쑤밧다라는 비구가 "슬퍼하지 마시오! 비탄해 하지 마시오! 우리는 대사문으로부터 잘 벗어난 것이오. '그대들은 이것은 해도 된다, 그대들은 이것은 해서는 안 된다'라고 해서 우리는 성가셨는데, 이제는 우리가 하고 싶은 것은 하고, 하기 싫은 것은 하지 않을 수 있게 되었소."라고 한 말을 빗댄 것입니다. (이중표 역해, 『정선 디가니까야』, 「대반열반경」)

이 말은 마하 까싸빠 존자로 하여금 붓다 가르침의 제1차 결집을 서두르게 한 주요한 계기가 되었습니다.

붓다는 고통을 없애고 청정한 삶을 살 수 있는 올바른 삶의 길을 여덟 가지로 체계화해서 가르쳤습니다. 우리는 붓다가 여덟 가지 길 가운데 하필이면 올바른 정진을 정념과 정정 앞에 세워 놓은 이유가 무엇인지 헤아려 보아야 합니다. 정진이 없고 방일하면 깨달음은 말짱 도루묵입니다. 붓다의 사촌동생으로 붓다에게 상가공동체의 후계자 자리를 요구했던 데바닷타의 경우가 그러합니다.

불방일(appamāda, 不放逸)과 방일(放逸, pamāda)은 붓다 가르침의

핵심 가운데 하나입니다. 단순히 쾌락과 즐거움에 취해 삶을 낭비하며 살지 말라는 뜻을 넘어서 늘 싸띠, 즉 깨어있는 삶을 살라는 긍정의 가르침입니다. 계율의 계(戒)는 스스로 지키는 삶의 규율입니다. 율(律)은 외부에서 강제하는 규칙과 규율입니다. 마음은 늘 나약해지고 혼미해지기 쉽습니다. 그래서 지켜야만 하는 강제 규율인 율도 중요하지만, 스스로 악을 멀리 하면서 깨어있고자 하는 능동의 의지, 수행과 정진이 더 중요합니다.

법구경에서 가르치고 있듯이 모든 악을 짓지 말고 선을 지으며, 자기의 마음을 깨끗이 하는 것, 이것이 붓다의 가르침입니다.

걷기명상은 방일하지 않고 정진하는 가장 좋은 수행이자 훈련 방식입니다. 꾸준한 거북이걸음으로 언제 어디서나 지금 여기 이 순간으로 돌아오는 기쁨이자 지복입니다. 출가 수행자가 아니더라도 누구나 일상생활에서 매 순간 주시와 알아차림의 사띠 수행과 주의집중의 삼매를 실천할 수 있는 생활 명상의 으뜸이라고 할 수 있습니다.

무엇이든 경쟁에서는 이겨야 하고, 무엇이든 속전속결로 시간을 단축해야 한다는 성장과 개발 이데올로기가 우리 마음에도 깊숙이 각인되어 있습니다. 그래서 사실 대부분의 사람들은 태권도나 바둑의 9단 자격증 같은 호흡명상의 경지를 더 빨리 따고자 하는 조급증에 쉽게 빠질 수 있습니다. 그러나 이는 지금 여기 현존의 삶을 누릴 줄 모르는 쓸데없는 생각입니다.

걷기명상은 걷기 시합이 아닙니다. 그냥 지금 여기 이 순간 걷기를 즐기고 누리고 노력하고 닦을 따름입니다.

생각을 명부로 보내고 걷는 시간은 어릴 적 걸음마의 시간처럼 황홀경을 체험하고, 탐욕과 성냄과 어리석음이 사라진 현존의 기쁨을 누리는 순간입니다. 그야말로 순간순간이 생생하고도 소중한 시간입니다. 초보자의 이런 기쁨은 오래 갈수록 수행을 부추기고 지속시킬 수 있습니다. 날마다 초보자가 되는 것이 최고로 좋은 걷기명상입니다.

걷기명상 연습과 수행 자체가 설렘이고 즐거움입니다.

나무가 있는 그대로의 나무 모습으로, 구름이 있는 그대로의 구름 모습으로, 까마귀의 까악까악 소리가 까악까악이 아니라 소리 그대로의 파장으로 마음에 들어오게 되는 순간을 기다리고 천천히 그것을 즐기는 것, 그것이 설렘의 걷기명상입니다.

생각과 느낌이 사라지고 탐진치가 남김없이 없어진 해탈은 매일매일의 꾸준한 걷기명상 속에서 어느 순간 붓다가 보리수 나무 아래에서 얻은 깨달음처럼 얻어집니다.

붓다는 출가 직후 당시에는 최고의 선정 수행자였던 알라라 깔라마와 웃따까 라마뿟따로부터 명상을 배웠습니다. 그럼에도 그런 선정으로는 생사의 고통을 해결할 수 없었습니다. 선정에서 나오면 다시 똑같은 생사의 고통이 기다리고 있었습니다. 붓다는 그 순간 주저 없이 그 같은 선정을 버렸습니다. 그런 선정은 깨달음에 이르는 길이 아니라 오히려 깨달음을 방해하는 선정이라고 판단했습니다.

이후 죽음 직전에 이르기까지 극한의 고행을 했지만 역시 실패하고 말았습니다. 당시에는 생사로부터 초월하기 위해 고행하는 수행자들이 많았습니다. 고행으로 거의 쓰러져 죽어가던 고따마 싯닷타를 살린 것은 쑤자따라는 어린 소녀가 공양한 유미죽(우유와 쌀을 섞어 만든 죽)이었습니다.

결국 기존의 선정과 고행의 수행 방식으로는 생사의 문제를 해결할 수 없다고 판단한 고따마는 기운을 차리고 스스로 진리를 깨닫겠다고 결심합니다. 그가 어릴 적 고요한 선정에 들었던 경험을 바탕으로 스스로 개발해 연기법과 사성제의 진리를 깨달은 명상법이 다름 아닌 팔정도의 바른 알아차림(samma-sati, 正念), 바른 집중(samma-samadhi, 正定)입니다.

붓다는 다치거나 병이 들어 움직이지 못할 때, 안거 기간을 제외하고는 매일 걸었습니다. 붓다는 제자들과 평등하게 똑같이 하루 한 번 마을로 걸어가서 사람들로부터 탁발 공양을 받았습니다. 대신 붓다는 마을 사람들에게 삶의 고통을 덜어주거나 없애주는 법문을 마음의 식량으로 되돌려주었습니다.

붓다는 평생 걷고 밥을 얻어먹고 마음의 식량을 주고, 또 걷고 밥을 얻어먹고 가르쳤습니다.

붓다는 '걷는 붓다'였습니다.

붓다는 비구와 비구니들을 깨달은 자 붓다로 바꾸는 가르침뿐만 아니라 일반 대중들에 대한 가르침도 꾸준히 실천했습니다. 왕이든 불가촉 천민이든 가리지 않고 청하는 어떤 사람들에게나 그 사람의 이해 수준과 마음 상태에 걸맞게 법문을 베푸는 것, 이것이 붓다가 깨달은 자로서 일관되게 실천한 자비행이었습니다.

『마조록(馬祖錄)』에 나오는 유명한 일화입니다.

어느 날 마조 스님(709~788년)이 좌선을 하고 있는데, 이를 본 스승 회양선사(懷讓禪師, 677~744년)가 묻습니다. 스님은 좌선하여 무얼 하려오? 마조 스님이 답합니다. 부처가 되고자 합니다.

그러자 회양 스님이 근처에 있던 기왓장 하나를 집어다 숫돌에 갈기 시작합니다. 마조가 묻습니다. 기왓장을 갈아서 무엇을 하시렵니까? 거울을 만들려 하네. 기왓장을 갈아서 어떻게 거울을 만들겠습니까? 기왓장을 갈아서 거울을 만들지 못한다면 좌선을 한들 어떻게 부처가 될 수 있겠는가? 그러면 어찌해야 되겠습니까? 소달구지에 멍에를 채워 수레가 가지 않으면 수레를 쳐야 옳겠는가, 소를 때려야 옳겠는가?

회양선사의 기왓장 갈기는 쓸데없는 선정에 갇혀 있지 말라는 가르침입니다.

1994년 10년의 각고 끝에 화엄경을 10권의 『한글 화엄경』으로 번역 출판하고, 이어 2018년에 1970년대 중반부터 시작해 35년 동안의 원력을 모아 전체 81권의 화엄경 해설서를 낸 무비 스님은 선정에 대해 이렇게 지적했습니다.

그야말로 촌철살인과 같은 말씀인데 탐착삼매(耽着三昧), 삼매에 빠져 있으면, 삼매를 탐하고 삼매를 좋아하면, 선정을 좋아하면 그건 불법을 망치는 일이다 그랬습니다... 얼마나 많은 사람들이 선정에 빠져 있기를 좋아합니까...

　건강하고 젊은 스님들이 그저 삼매를 좋아해서 삼매에 빠져서 아무것도 가르치지 아니하고 그 좋은 불법 이치 한 마디도 누구에게 전해주려고 아니하고 거기에 몰두해 있습니다. (무비 스님의 소참법문, 「불법 어떻게 하면 발전할 수 있을까」, 다음카페 염화실)

　선정에 갇혀 눈을 감고 있는 것은 개인 차원의 둑카와 숙카에 갇혀 아상에 빠진 탐착(貪着)입니다.

　붓다는 연기법을 깨달은 직후 참으로 힘들게 성취한 진리를 나 혼자만 즐기고 누릴 것인가, 사람들에게 이 진리를 전할 것인가 갈등합니다. 연기법의 진리는 심오하고, 보기 어렵고, 깨닫기 어렵고, 고요하고, 탁월하고, 사유의 영역을 초월하고, 극히 미묘하기 때문에 슬기로운 자들에게만 알려질 수 있고, 탐욕에 불붙은 자들은 보지 못할 것이라고 생각했기 때문입니다.

　붓다는 결단을 내려 5명의 수행자들에게 처음으로 연기법과 사성제, 팔정도의 진리를 가르칩니다. 이후 붓다는 제자들과 중생들에게 선정 수행과 함께 진리를 전하는 가르침과 자비행의 실천을 하루도 빼먹지 않았습니다.

　최초의 깨달음을 얻은 5명의 수행자 가운데 앗싸지 존자가 있습니다.

앗싸지의 고요하고 늠름하고 평정한 걷기명상 걸음걸이를 보고 싸리뿟따가 앗싸지에게 스승이 누구이며 어떤 법을 가르치냐고 묻습니다. 앗싸지는 싸끼야 족의 붓다가 스승이며 스승의 가르침은 모든 법은 원인에 의해 생기고 원인에 의해 소멸한다는, 단 한 마디의 붓다 법문을 전합니다.

이 법문을 듣고 싸리뿟따는 절친한 도반 목갈라나와 많은 수행자 무리를 이끌고 붓다의 가르침에 귀의합니다. 싸리뿟따는 이 인연으로 평생 앗싸지를 존중하고 존경했고, 앗싸지가 있는 쪽으로는 다리를 뻗고 자지도 않았다고 합니다.

붓다는 제자들이 60명이 넘자 유명한 전도 선언을 합니다.

제자들이여, 나는 신들과 인간들의 덫으로부터 벗어났다. 비구들이여, 너희들도 신들과 인간들의 덫으로부터 벗어났다. 비구들이여, 길을 떠나라. 많은 사람들의 이익을 위해서, 많은 사람들의 행복을 위해서, 세상에 대하여 자비를 베풀기 위해서, 신들과 인간들의 이익, 축복, 행복을 위해서.

둘이서 한 길로 가지 마라. 비구들이여, 처음도 좋고 중간도 좋고, 끝도 좋으며, 뜻과 문장이 훌륭한 법을 설하라. 오로지 깨끗하고 청정한 삶을 드러내라. 눈에 티끌 없이 태어난 사람이 있지만 그들은 가르침을 듣지 않았기 때문에 버려지고 있다. 그들은 가르침을 아는 자가 될 수 있을 것이다.

비구들이여 나도 또한 가르침을 펴기 위해서 우루웰라의 세나니 마을

로 간다. (마성, 『사캬무니 붓다』, 대숲바람)

붓다의 전도 선언 이후 2,500여 년이 지났습니다. 이제 붓다의 깨달음은 전세계 수많은 사람들의 깨달음으로 바뀌고 있습니다.

총칼과 함대를 앞세워 세계를 정복한 게 아닙니다.

오직 깨끗하고 청정한 삶을 드러냄으로써 사람들의 마음속으로 들어가 공명하는 법문의 희유한 인연으로 얻어진 것입니다.

법의 씨앗은 이 세상 그 어떤 씨앗보다도 더 푸릇푸릇하고 질기고, 죽음 없음의 배를 타고 멀리멀리 바다를 건너갈 수 있습니다. ☀

36. 붓다와 전쟁

붓다 열반 과정을 기록한 「완전한 열반의 큰 경」은 전쟁 이야기로 시작합니다.

붓다에 귀의한 마가다국의 아자따쌋뚜 왕이 대신을 보내 밧지족 침략에 대해 의견을 묻습니다. 일종의 통보에 가까운 것이었습니다. 붓다는 대신을 앉혀놓고 아난다와 대화를 합니다.

밧지족은 자주 모이고 많이 모이는가, 밧지족은 화합하며 모이고 화합하며 흩어지고, 해야 할 일은 화합하며 결정하는가 등 일곱 가지의 밧지족 상태를 묻습니다. 그리고 나서 붓다는 대신에게 자신이 이런 일곱 가지 불퇴법을 밧지족에게 가르쳤다고 말합니다. 이를 들은 대신은 지금은 밧지족을 공격할 때가 아니라고 붓다에게 답합니다.

붓다는 마가다국 대신이 돌아간 다음 즉시 라자가하 인근에 있는 상가공동체의 모든 제자들을 불러 수행자가 지켜야 할 일곱 가지 불퇴법을 가르칩니다. 전쟁이 일어나면 상가공동체도 불가피하게 전쟁에 휩쓸리게 되고 불가피하게 상가의 화합에 균열이 생길 수 있음을 염려한 조처였습니다.

불교에서는 이를 칠불퇴법이라고 부릅니다. 상가의 화합과 조화를 유지하면서 욕망과 성냄과 무지를 근절해 깨달음을 얻고, 그 깨달음 그대로 여여하게 청정한 삶을 유지하기 위한 수행법입니다.

붓다는 평소에도 항상 전쟁을 막고 침략을 막아내는 방법에 대해 가르침을 베풀었다는 사실을 명확하게 알 수 있습니다. 공동체와 국가 구성원들이 화합과 결속을 다지면서 평화의 튼튼한 근육을 키워놓는 일이야말로 전쟁을 막고 침략을 격퇴해 중생들을 고통으로 몰아넣지 않는 가장 중요한 힘입니다. 전쟁은 늘 내부에서부터 먼저 발생합니다.

꼬쌀라 국이 붓다의 출신 부족인 싸끼야 족을 침략하기 위해 군대를 몰고 갈 때도 붓다는 땡볕에 홀로 죽은 고목 나무 아래에 앉아 군대를 막아냅니다. 두 번이나 그런 방식으로 침략을 막았지만 그럼에도 결국 싸끼야 족은 꼬쌀라 국의 공격으로 멸망하고 맙니다. 붓다의 수많은 일가친척과 부족 구성원들이 죽임을 당했습니다. 양모인 고따미와 붓다의 부인이었던 야소다라, 아들이었던 라훌라, 사촌 동생이었던 아난다 등 이미 출가한 싸끼야 족 사람들은 살아남았습니다.

꼬쌀라국의 비두다하 왕이 원한을 품고 이렇게 끈질기게 싸끼야 족을 공격하려 한 까닭도 다 연기법에 따른 원인이 있었습니다. 몇 분만 시간을 내 검색해 보시기 바랍니다.

붓다는 사회와 국가의 갈등과 전쟁이 왜 일어나는지 그 원인을 꿰뚫어 본 선각자입니다. 붓다는 전쟁을 막는 근본의 방법은 사람들의 마음속에서 탐욕과 분노와 무지를 줄이거나 없애는 길밖에 없다고 통찰했습니다. 그리고 이를 행동으로 보여주었습니다. 화합하고 평화로운 공동체와 국가여야만 전쟁을 불러 일으키지도 않고 침략도 사전에 막을 수 있습니다.

상가공동체는 마을공동체의 모범이었고 스승이었습니다.

붓다는 '있음'을 부정한 적이 한 번도 없습니다. 공동체와 국가의 존재를 부정한 적도 한 번도 없습니다. 연기에 따라 이런 있음에 의지하여 저런 있음이 생기고 소멸할 뿐입니다. 붓다는 공동체와 국가도 조건에 따라 생기고 흥하며, 조건이 변하면 쇠퇴한다는 흥망성쇠와 변화의 이치를 가르쳤습니다.

불교사랑 상해 태안사(太安寺). 중국 상해에 있는 한인 교포들의 절입니다. 상해 코리아타운 중심지 대형건물의 7층에 자리하고 있습니다. 2005년 불교를 사랑하는 사람들이 모여 종파를 초월해 재가불자들이 만든 절입니다.

중국 전역에 산재해 있던 한인 사찰들이 중국의 장기 불황을 이기지 못하고 모두 문을 닫았습니다. 그러나 태안사는 코로나 3년의 규제와 어려움에도 지금까지 굳건하게 365일 기도 소리가 끊이지 않는 유일한 한국인 교민 사찰로 남았습니다.

태안사의 비결은 다름 아닌 붓다 가르침의 핵심 가운데 하나인 대중의 화합과 평화입니다.

평균 연령 45세인 65명 신도들 대부분은 주재원들입니다. 10% 정도가 사업, 기타에 종사하고 있습니다.

신도회장, 총무, 운영위원 5명, 후원회장이 있고, 구역별로 나누어 회장과 총무가 있습니다. 전체 신도 모두가 봉사 바라밀을 실천하고, 각자 맡은 소임이 있습니다. 무엇보다 '법당 지킴이' 7명이 요일별로 사시 예

불을 집전해 1주일 내내 절이 살아 있습니다.

　모든 절 운영은 구역별 탄톡방에서 자유로운 의견 교환과 여론 수렴을 통해 이루어지고, 결정해야 할 일이 생기면 민주주의 방식으로 화합해서 결정합니다.

　원혜 스님이 중국 여행을 갔을 때 한인 사찰이 있다는 말을 듣고 절을 찾아갔습니다. 어떻게 오셨냐고 묻는 신도에게 스님이 답합니다. 중국 투어를 하러 온 투어리스트입니다. 부처님은 평생 걸어다니신 투어리스트였지요.

　이 인연으로 지금까지도 원혜 스님은 1년에 한 번 정도 상해 태안사로 가서 법문도 하고, 신도들과 함께 기도도 드리고 명상도 지도합니다.

　대원, 명궁, 무법, 범산, 법보, 법선, 법일, 성문, 수불, 원범, 원혜, 정만, 정여, 정현, 종선, 종암, 진수, 태연, 허운, 허주, 현기, 현담, 혜광, 혜중, 화랑...

　1978년 범어사 강원 10기를 중심으로 한 졸업생들의 모임 '명심회' 회원들입니다. 당시 강주였던 무비 스님을 모시고, 50여 년을 늘 함께 정진하고 있는 도반들입니다.

　이들은 10대 말에서 20대 초반에 출가해 기존의 이름은 버리고 붓다의 법 이름을 새로 부여받은 뒤 4년 동안 밤낮없이 붓다 말씀을 읽고 듣고 공부에 몰두했습니다. 삶의 진리를 깨닫기 위해 그야말로 생사를 걸고 용맹정진한 것입니다. 화합하며 함께 밥을 먹고 함께 자고, 일상행활을 늘 함께 했습니다. 강원은 엄격한 규율 아래 배 한 척을 함께 타고 죽음 없음의 강을 함께 건너가는, 일종의 비구 해군사관학교였습니다.

졸업 뒤에도 지금까지 이들은 선방 정진을 게을리하지 않고 있고, 공부 모임을 열기도 하고 강연회도 열면서 인연을 이어왔습니다. 지금도 해마다 만나 함께 걷기명상 순례를 하고 있습니다.

붓다 가르침대로 법에 의지하는 화합과 평화의 상가공동체라고 하지 않을 수 없습니다.

금정총림 범어사 방장 정여 스님은 베트남 참전 군인이었습니다. 전쟁의 참화 속에서 죽어가는 숱한 목숨들을 보면서 출가를 결심합니다. 스님은 1995년 부산 해운대의 도심 한복판에 여여선원(如如禪院)을 세워 붓다의 전도 선언 그대로 '오로지 깨끗하고 청정한 삶'을 드러내면서 '눈에 티끌 없이 태어난 사람'들에게 붓다 가르침을 알고 깨닫게 하기 위해 포교의 길에 나섭니다. 수많은 사람들이 여여선원에서 붓다 가르침을 듣고 수행하면서 깨달음의 길로 들어섰습니다.

이 같은 포교 활동을 기반으로 정여 스님은 신도들과 함께 수해와 식량난으로 고통받고 있는 북한 주민들에게, 특히 북한 어린이들에게 신발과 라면, 빵, 생필품 등을 지원하는 보시행을 꾸준히 실천했습니다. 화합하는 공동체를 통해 전쟁을 막는 칠불퇴 붓다 가르침의 본보기 실천이라고 하지 않을 수 없습니다.

우리가 똑같이 맑고 청정한 불성을 가지고 있는데, 맑고 청정한 그 마음을 그대로 쓰지 못하고 욕망과 욕심에 빠져서 살기 때문에 우리가 부처님의 삶을 살지 못하고 중생의 삶을 살고 있다... 본래 부모로부터 받은 맑고 깨끗한 몸을 이제는 기도와 염불, 수행을 통해 근본 마음으로 돌아가는 것이 나 자신도 행복하고 또 주변도 행복하고…

부처님 말씀을 전하는 도량… 지역사회에 어려운 사람도 도와주고 또 학비가 없어서 진학을 못 하는 학생들 학비도 대주고 또 배고파서 음식을 제대로 먹지 못하는 분들, 또 나이가 들어도 홀로 독거로 살고 계신 노인들을 보살피는 그런 자비도량이 됐으면 좋겠다. (2023. 11. 17. 울주 보덕사 정여 스님 초청 특별법회)

붓다의 상가는 언제 어디서나 마을에서 멀리 떨어져 있지 않은 곳에 있었습니다.

붓다는 마을 사람들의 고통에 대해 외면한 적이 한 번도 없었고, 사회와 국가의 현실에 대해서도 외면한 적이 없었습니다. 붓다는 당대 현실을 꿰뚫어 알고, 현실의 고통을 극복하기 위한 근본의 처방을 내렸던 사람입니다.

깊은 산 속에 틀어박혀 먹을 것을 비롯한 모든 생활용품을 대중들로부터 얻어 생활하면서 '무소의 뿔처럼 홀로' 고고히 틀어박혀 명상하는 출가 수행자이기 때문에 속세의 현실 문제에는 일체 개입하지 않겠노라는 헛소리를 한 적이 붓다는 단 한 번도 없습니다.

우리는 깨달은 자이건 탐진치에 물들어 고통 속에서 허우적거리는 중생이건 모두 자매형제들입니다.

모두 국가와 사회, 공동체에서 함께 '서로 존재'하며 살아가고 있는 사회성 동물입니다.

전쟁을 막고 공동체와 국가의 화합과 평화를 위해 붓다의 근본 가르침을 행동으로 옮기는 일은 상가공동체와 재가 신도들의 정정진이자 정업(正業)입니다.

언제든 다시 터질 수 있는 남북 간 긴장과 전쟁은 붓다의 칠불퇴 가르침 그대로 화합하는 지역 주민들의 공동체운동이 튼튼하게 성장해야만 막을 수 있습니다.

지금 이 순간 도처에서 들려오는 전쟁터의 포탄 소리를 들으며 걷습니다.

길에서 태어나 평생 길을 걸었고 길에서 살았던 붓다를 화두로 걷습니다.

붓다가 제자들과 함께 전쟁의 먹구름이 퍼지고 있던 라자가하를 떠나는 장면을 떠올리며 걷습니다.

길 위에 있는 상가공동체와 함께 걷습니다. 가르침과 배움의 길 위에서 걷습니다. ☀

37. 지금 여기, 축의 시대

국가가 등장하면서 전쟁과 폭력, 반복되는 대량살육은 끊이지 않고 일어났습니다. 불평등은 극에 달해 사람들의 몸과 마음은 피폐해질 대로 피폐해졌습니다. 바로 그런 시기였던 기원전 9세기에서 2세기까지 이전과는 완전히 다른 종류의 삶을 스스로 실천하고 모범을 보이는 현자와 예언자들이 등장했습니다. 칼 야스퍼스는 이 시기를 '축(axle)의 시대'라고 이름 붙였습니다.

인도에서는 붓다와 우파니샤드 명상가들이, 중국에서는 공자와 맹자, 노자, 묵자 등의 사상가들이, 이스라엘에서는 엘리야, 에레미아, 이사야 등의 선지자들이, 그리스에서는 소피스트와 소크라테스, 플라톤, 아리스토텔레스, 디오게네스 등의 철학자들이 그들이었습니다. 몇 백 년 지나 이스라엘에 등장한 예수도 이 계보를 잇는 유대교 개혁가였습니다. 예수는 자신을 그리스도 교인이라고 생각하고 말한 적이 없습니다. (카렌 암스트롱, 『축의 시대』, 교양인: 울리히 두크로 등, 『탐욕이냐 상생이냐』, 생태문명연구소)

이들은 단순히 세상과 현실을 분석하고 비판하는데 머무르지 않고 기성 체제의 질서에 대해 온몸과 마음을 다해 반기를 들었습니다. 밝은 눈으로 현실을 통찰하고 이름을 붙여 바른길을 제시하고자 했던 이들은 온몸과 마음을 다 던져 사람들의 마음과 삶, 세상을 바꾸고자 하는 행동주의자들이었습니다. 스스로 먼저 마음을 바꾸고 직접 행동을 통해 사람들에게 삶의 바른길을 보여준 예언자였습니다. 선각자란 곧 먼저 깨닫고 먼저 실천하는 사람입니다.

붓다를 비롯한 인도의 출가 수행자(samana, 沙門)들이 한곳에 정착하지 않고 떠돌아다니며 밥을 얻어먹고 중생들에게 삶의 길을 가르쳤던 것은 기존의 삶과 생활방식에 대한 정면 도전이자 기존 체제와 세계관에 대한 근본의 질문이었습니다. 그리스 스토아 철학자들이 한 벌의 옷과 간단한 개나리봇짐, 지팡이를 들고, 맨발로 걸으며, 시장 바닥에서 개처럼 걸식한다고 해서 견유(犬儒) 철학자들이라고 불린 것도 마찬가지입니다.

예수는 말합니다. 봇짐이나 가방이나 신발을 갖고 다니지 말고, 옷도 두 벌을 지니지 마십시오. 어느 집에 들어가든, 당신 앞에 놓인 것을 먹으십시오. 그 집의 병든 자를 고쳐주고 그들에게 하느님의 나라가 당신들에게 임하였다 하고 말하십시오.

예수는 사람들의 몸과 마음을 치유하면서 가난한 사람들이 굶주리지 않고 함께 밥을 먹는 공동체, 공유의 식사를 하는 공동체가 곧 지금 여기 하느님의 나라임을 역설했습니다. 하느님의 나라는 내가 죽고 세상이 망한 다음 미래에 오는 게 아니라 바로 지금 여기 이 순간 마음을 바꿔 우애와 환대의 공동체를 만들면 그것이 천국이라고 가르쳤습니다. 예수가 다른 선지자들이나 세례자 요한과 근본에서부터 차이가 나는 지점은 바로 이 같은 예수의 '지금 여기 천국'론, '지금 여기 하느님 나라'론입니다.

　만일 당신을 인도하는 자들이 당신에게, '보라, 그 나라가 하늘에 있
도다' 하고 말한다면 하늘의 새들이 당신보다 앞설 것입니다... '그것은
바다 속에 있도다' 하고 말한다면 물고기가 당신보다 앞설 것입니다. 그
러나 그 나라는 당신 안에 있으며... 살아 계신 아버지의 아들들이 바로
당신임을 깨달을 것입니다. 그러나 만일 당신이 당신 자신을 알지 못하면
당신은 궁핍 가운데 거하며, 당신 자신이 바로 그 궁핍입니다. (이규호
옮김, 『나그함마디 문서』, 「도마복음」, 동연. 이규호 번역을 근거로 경어
체로 바꿈.)

　수많은 민중들이 예수의 말씀에 귀를 기울이면서 매 순간 기쁨과 희
열에 넘쳐 가진 것을 함께 나누고 구원과 복음의 삶을 실천하는 강력한
이승에서의 예수 공동체를 곳곳에서 만들어 나갔습니다. 가난한 사람들
이 뭉쳐 체제의 바깥에서 연대하는 강력한 공생과 공유의 복음 공동체
는 당시의 유대 사회에서 불온하고도 거대한 종교 혁명, 사회 혁명이었
습니다.
　예수가 선포한 우애와 환대라는 인간관계의 세계관 전환과 공유식사
라는 공생의 실천이 당시의 민중들에게 얼마나 강력한 호소력을 지녔는
지 알 수 있습니다. (존 도미닉 크로산, 『역사적 예수』, 한국기독교연구
소)

　지금도 우리는 현실 사회와 세계에 바른 이름을 붙이고 밝은 지혜로

써 사람의 세계관과 세상을 바꾸고자 사람들의 마음속으로 들어가는 수많은 선각자들을 도처에서 만날 수 있습니다. 21세기인 지금 여기 오늘이 다름 아닌 새로운 '축의 시대'입니다.

이들 선각자들이 한결같이 사람들에게 사자후를 터뜨리며 깨우친 지혜는 자기중심주의를 버리라는 상호주의의 도덕이었습니다. 선지자들은 내가 당하고 싶지 않은 일을 다른 사람에게 행하지 말라는 당연한 상식에서 출발합니다. 타인과 타민족에 대한 공감과 자비행의 실천이야말로 나의 삶을 고양시키고 전쟁과 폭력을 근절하는 지름길입니다. 나는 곧 너이고 우리이며, 모든 존재는 서로 연결돼 있는 '서로 주체'의 이웃입니다

붓다는 인간 고통의 실상과 원인을 깨닫고 탐욕과 성냄과 어리석음에서 벗어나야 이 우주 속에서 기적같이 태어난 삶을 온전히 다른 모든 지구 생태계의 생물과 무생물 이웃들과 함께 누릴 수 있다고 말합니다. 그리고 다른 사람과 연결된 '더불어 함께 존재'(inter-being)로서 '더불어 함께 행동'(inter-doing)의 진정한 자비행을 실천하라고 가르칩니다.

오늘날 우리는 역사상 전무후무할 풍요로운 삶을 누리고 있습니다. 이런 풍요는 이전에도 없었고 앞으로도 없을 것입니다. 세상은 부족공동체 농업사회였던 붓다 시대와는 천지개벽이라는 말도 적당하지 않을 정도로 완전히 다른 산업사회로 바뀌었습니다.
그러나 사람들의 사회성 고통과 위험은 붓다 시대와는 비교가 되지 않을 정도로 훨씬 더 높아졌고, 사람들의 고통은 훨씬 더 복잡하고 복합

된 덩어리로 인간 삶을 짓누르고 있습니다. 기후위기, 식량 위기, 멸종위기, 전쟁위기 등등 언제 어떤 일이 벌어져 삶이 무너지고 붕괴될지 모르는 위태위태한 삶을 살고 있습니다.

도처에 물건이 넘쳐 흐르지만 극단의 불평등은 수많은 사람들을 빈곤의 단칸 지하방으로 내몰고 있습니다. 국가와 사회를 떠나 도망가 살 수 있는 깊은 산 속 몽유도원(夢遊桃園)도 없습니다.

이런 축의 시대, 우리는 다시 붓다와 예수의 실천을 있는 그대로 보고 꿰뚫어 알고 깨닫고 실천해야 합니다. 그것이 무너지는 바벨탑을 탈출할 수 있는 유일한 생존의 길이고 구명보트입니다.

화성에 식민지를 건설해서 이주하는 게 답이 아닙니다. 실리콘밸리 갑부들이 "사회 전체가 상위 1%를 때려잡으려 하는 혁명"이나 지구 최후의 종말 사태에 대비해 비밀리에 미국의 핵 지하벙커를 개조하거나 뉴질랜드에 수십 수백억 원의 개인 지하벙커를 짓는 게 답이 아닙니다.

붓다의 화합하는 평화와 자비행의 공동체, 예수의 지금 여기 우애와 환대의 공유식사 공동체, 이 길이야말로 거의 유일한 비상구입니다.

더불어 함께 하는 삶, 이것이 내 삶의 태초입니다.

나와 너, 우리가 손을 맞잡고 나아가야 할 팔정도의 길입니다. ☀

38. 원수를 사랑할 수 있을까

비가 그치고 나면 숲은 새로 태어납니다. 숲의 태초가 다시 시작됩니다.

숲 속의 상쾌한 공기가 온몸과 마음을 깨끗이 목욕시켜줍니다. 몸과 마음도 새롭게 다시 태어납니다.

오늘의 걷기명상을 시작합니다. 숲길에 고요히 발을 내려놓습니다. 지구별 숲길이 말없이 내 발을 두 손으로 포근하게 감싸줍니다.

집 뒤에 있는 나만의 숲속 명상길을 걷다가 오늘은 처음 걷기명상을 시작했던 백범명상길로 다시 돌아왔습니다. 걷기명상은 늘 다시 돌아오는 귀향의 걷기입니다. 늘 다시 새롭게 시작하는 처음의 걷기입니다.

적어도 걷기명상 하는 지금 여기 이 순간만큼은 아무런 애씀 없이 탐진치를 그냥 내려놓을 수 있습니다.

과거의 시공간도 늘 지금 여기의 시공간으로 다시 태초로 태어납니다.

6.25동란 발발 후 3개월만인 1950년 9월 28일 유엔군과 국군은 서울을 다시 탈환합니다. 그 직후인 1950년 10월 4일, 전남 영암의 구림마을에서는 인민군들이 후퇴하면서 구림교회 신도 19명을 옛 주막집에 가두고 산채로 불을 질러 학살합니다. 신도들은 죽음 앞에서도 찬송가를 불렀다고 합니다.

그 이전 6.25동란 직후인 1950년 7월 9일, 공주형무소에 있던 400여

명의 좌익 수감자와 보도연맹원들이 왕촌 살구쟁이 마을 산 속으로 끌려가 공주 CIC분견대, 공주파견헌병대, 공주지역 경찰 등에 의해 집단 학살당합니다.

1951년 2월, 거창군 신원면 일대 마을 주민 719명이 국군에 의해 학살됩니다. 어린이만 359명이었습니다.

6.25 동란 중 이렇게 좌우익에 의해 희생된 민간인 학살자 수는 100만이 넘을 것으로 추산합니다.

예수의 원수를 사랑하라는 말씀은 나의 삶을 해방시키기 위한 가장 강렬한 메시지입니다. 증오와 혐오를 버리라는 붓다의 가르침과 같습니다. 그러나 이는 혁명을 뛰어넘는 인간 마음의 대전환과 기존 세계관으로부터의 해방, 자유가 없으면 불가능합니다.

1948년 여순사건 당시 두 아들을 잃은 손양원 목사는 아들을 살해한 청년이 군경에 체포돼 사형당할 처지에 놓이자 계엄사령관을 찾아가 읍소하고 설득해 가까스로 청년을 구해냅니다. 그리고 이 청년을 성까지 손 씨로 바꿔 자신의 양아들로 입양합니다. 원수를 사랑하라는 예수의 말씀, 자신의 마음속에 있는 하나님의 가르침을 행동으로 실천한 것입니다.

나환자들을 돌보며 목회를 하던 손 목사는 6.25동란이 일어났지만 피란을 가지 않고 나환자들을 돌보았습니다. 결국 손 목사는 인민군에 체포됩니다. 1950년 9월 28일 서울이 국군에 의해 수복되던 날 인민군은 여수에서 퇴각하면서 손 목사를 총살합니다.

1950년 10월 4일 전남 신안군 임자도의 임자진리교회에 들이닥친 인민군은 교회 신도 48명을 학살합니다. 이튿날 살해된 가족까지 합하면 총 64명입니다.

이보다 3개월여 전인 7월 13일~23일에는 목포 경찰이 임자도를 포함한 목포경찰서 관내 국민보도연맹원들을 대거 산채로 바닷물에 빠뜨려 죽입니다. 증오와 보복의 악순환입니다.

보도연맹 사건으로 학살당한 좌익 용의자의 정확한 숫자는 알 수 없습니다. 전국에 걸쳐 약 10만 명 이상이었을 것으로 짐작할 뿐입니다.

임자도에서만 6.25동란 전후 우익과 좌익에 의해 번갈아 희생된 주민들 수는 확인된 사람만 992명입니다. 미확인 주민까지 포함하면 당시 약 1만여 명의 주민 가운데 1,300여 명이 희생된 것으로 추정됩니다.

국군이 임자도에 들어온 뒤 도착한 이인재 목사는 아버지를 비롯 일가친척 13명이 몰살당한 사실을 알게 됩니다. 국군은 이 목사에게 살인자들에 대한 즉결처분권을 줬지만, 이 목사는 이들을 모두 용서합니다. 나아가 그는 밤새 광목천에 태극기를 그려 좌익으로 지목된 사람들에게 나누어줌으로써 이들의 목숨을 구해낼 수 있었습니다.

예수의 말씀 그대로 온몸과 마음을 다해 원수를 용서하고 사랑한 이 목사의 행동은 이후 임자도에서 증오와 보복의 악순환이 끊어지고 더 이상 반복되지 않는 전환점이었습니다.

도법 스님을 비롯한 불교, 기독교, 천주교, 원불교 등 범종교인들이

2001년 2월 16일 6.25동란 당시 '좌우익 희생자와 뭇생명의 해원상생을 위한 100일 기도'를 시작합니다. 100일 기도가 끝나고 지리산 달궁에서 5,000여 명이 모여 '생명평화 민족화해 지리산 위령제'를 올립니다. 증오와 폭력의 마음이 평화와 화해의 마음으로 바뀔 수 있도록 선각자들이 나선 것입니다.

1950년 6월 25일 북한군의 전면 남침으로 일어난 전쟁을 학자들은 흔히 한국전쟁이라고 말합니다. 그러나 남북한 주민들에게 전쟁은 그야말로 목숨이 오락가락하는 난리가 난 것이었습니다. 굳이 6.25동란이라는 용어를 쓰는 까닭입니다.

참혹한 동족 상잔의 전쟁 중에도 예수의 말씀 그대로 원수를 사랑으로 용서하고 품에 안은 기독교인들과 붓다의 자비행을 실천한 종교인들이 적지 않습니다. 남북의 적대에 더해 남한 내부의 혐오와 적대가 점점 더 극심해져 가는 오늘날 다시 소환하고 성찰해보아야 할 지금 여기의 소중한 역사입니다.

많은 사람들은 전두환을 학살자, 살인마라고 부릅니다. 극소수 사람들은 그를 북한 간첩과 빨갱이들의 난동에서 나라를 구한 구국의 영웅이라고 말합니다. 1980년대 이후를 살고 있는 대한민국 국민들은 어떤 식으로든 전두환의 기억을 갖고 살아갈 수밖에 없습니다.

국민들에게 폭력을 휘두르고 고문을 자행하고 학살하는 일에 대해 일말의 주저함도 거리낌도 없었던 사람, 1987년 6월 항쟁 당시 킬링필드 같은 대학살을 실제 집행하려 했던 군인 출신 대통령, 한번도 자신의 행위에 죄책감을 느끼거나 용서를 구했던 적이 없던 사람, 2년 간의 감옥 생활을 제외하고 전재산이 29만 1,000원밖에 없으면서도 500여 평의 대저택(싯가 수백억 원)에서 살며 틈만 나면 골프를 치고 최고급 식당을 즐겨 찾던 전직 대통령, 피도 눈물도 없을 것 같지만 다정다감하고 눈물도 흘리고 사랑을 나눌 줄 알던 남편이자 아버지이자 할아버지, 가까운 사람들과는 진한 유대감과 충성심을 주고 받았던 보스. (정아은, 『전두환의 마지막 33년』, 사이드웨이)

이런 사람도 예수는 사랑해야 한다고 말합니다.

작가 정아은은 전두환에 관한 숱한 자료를 찾아 섭렵하고, 수많은 관련 인사들을 만나 인터뷰도 하면서 충실하고도 꼼꼼하게 한 인간의 삶을 추적합니다. 그리고 결론으로 두 권의 책에서 드러나는 전두환을 말합니다.

하나는 1986년 1월 20일부터 1988년 2월 24일 노태우에게 권좌를 넘겨주고 청와대를 나올 때까지 청와대 기록담당관이던 김성익이 청와대 공식 석상과 회의에서의 전두환 발언을 기록한 『전두환 육성 증언』입니다. 여기서 전두환은 인간의 외형을 한 살인과 고문의 로봇 기계라고 해도 손색이 없을, 야만의 쇠붙이 같은 철면피 강철 인간입니다.

다른 하나는 거짓과 변명으로 점철된 3권짜리 『전두환 회고록』입니다. 여기서 정아은은 그의 무의식에 깊숙이 숨어 있는 벌벌 떠는 작은 아이, 그의 영혼 가장 밑바닥에 있는 작고 못난 생물을 보게 됩니다.

1980년대 내내 원주의 장일순은 자신을 찾아오는 청년들에게 전두환을 진심으로 용서하고 사랑할 수 있는지 물었습니다. 전두환의 마음속에도 한울님이 계시고 그를 모셔야 한다는 동학의 가르침이었습니다. 냉혹한 고문, 학살, 살인의 강철 기계와 벌벌 떠는 어린애가 공존하는 그 마음도 사랑으로 따뜻하게 보듬고 어루만져야 바뀔 수 있다는 자비행의 강력한 호소였습니다.

2021년 11월 23일 전두환이 죽었습니다. 2023년 3월 31일, 한 청년이 자신의 할아버지인 전두환은 학살자라고 말하며 할아버지를 대신해 광주 5.18 묘지를 참배합니다. 그는 할아버지의 악행에 대한 고통으로 마약에 손을 대기까지 했다고 자백했습니다. 업보란 말을 떠올리지 않을 수 없습니다.

권력자의 살인과 광기, 전쟁과 학살에 대한 해결은 또 다른 정치 권력의 유불리와 선거 공학에 따라 전두환을 사면 복권하는 식으로는 결코 이루어질 수 없습니다. 우리는 언제든 권력자의 살인과 광기, 전쟁과 학살에 또다시 직면할 수밖에 없습니다.

광주학살과 6.25동란은 늘 바로 우리 옆에 도사리고 있습니다. 언어라는 세계관의 충돌과 갈등은 언어로써 결코 해결될 수 없습니다.
예수의 마음 가난하게 하기, 붓다의 멈춤과 탐진치 소멸이야말로 되풀이되는 적대적 공존의 정치와 사회, 문화를 해결할 수 있는 근본 방책입니다.

이세돌이 알파고에 1승을 거둔 것은 기존의 바둑 수와는 전혀 다르게 패턴을 따르지 않은 수를 두었기 때문입니다. 알파고보다 훨씬 뛰어난 바둑 AI가 7~8급 수준의 바둑 초보자에게 패하는 놀라운 일도 사실은 초보자가 패턴에서 벗어난 바둑을 두었기 때문입니다. 패턴은 세계관입니다. 패턴에서 벗어나는 새로운 행동을 우리는 혁명, 패러다임 전환이라고 부릅니다.

오늘날 극단의 기후위기와 자원고갈, 극단의 불평등은 전쟁을 예고하고 있습니다. 전쟁을 막는 가장 강력한 평화의 힘은 우리 모두의 멈춤과 마음 혁명입니다. 나부터 시작하는 태초의 걷기명상입니다.

6.25동란 때 서로 죽이고 죽였던 그 아픈 참혹함과 함께 걷습니다.
한 쪽은 주체사상의 세습 왕조 국가 체제에서, 한 쪽은 재벌과 정치권력, 미디어와 관료 카르텔의 돈과 힘이 세습되는 완고한 기득권의 엘리트 귀족정 체제에서 고통받고 있는 남북의 주민들과 함께 걷습니다.
남과 북이 서로를 조건으로 쌓아온 70여 년 이상의 적대적 공존 체제가 말에서 내려 멈춰지기를 기도하면서 걷습니다.

오늘 태초로 다시 돌아가 처음부터 다시 걷기명상을 시작합니다. 무심히 한 걸음을 내딛습니다. ☀

39. 가장 위험한 대량살상무기, 인간 지능

전세계 가장 많은 신도 수를 자랑하는 신흥 절대종교

자본주의가 전지구를 대부분 지배하고 있는 오늘날 전통 종교 인구는 급격하게 줄고 있습니다. 농업과 유목 시대에 등장했던 전통 종교는 그럴 것입니다.

그러나 산업화와 개발-성장 시대 새로운 절대종교는 오히려 폭발하듯이 확산돼 가고 있습니다. 전세계 80억 인구 가운데 절대 다수가 새로운 절대종교 유일신 신도들이라고 해도 지나친 말이 아닙니다. 교회나 절에 가는 전통 종교인도 사실은 이 새로운 유일신을 섬깁니다. 다름 아닌 '자본 신' '돈 신'입니다. '쩐'(錢)이 최고의 신인 이 종교의 이데올로기는 '과학기술 만능주의'와 '무한 성장주의'입니다.

자본주의에서 물신화된 자본은 '법으로 만든 인격체'인 법인을 통해 노동자들뿐만 아니라 자본가들도 지배하고 사회와 국가도 지배합니다. 자본은 법인이 망하지 않는 한 수명도 무한인 괴물입니다. 오직 더 많은 이윤을 남기기 위해 자본은 끊임없이 새로운 상품을 만들어 팔아야 하고 새로운 상품 판매 시장을 만들어야 합니다.

백인들의 유럽 자본주의는 자본의 무한 성장을 충족시키기 위한 새로운 상품 시장을 확보하기 위해 아메리카와 아프리카, 아시아 등 전세계를 식민지로 만들었습니다. 식민지 침략 전쟁은 독일의 유대인 학살과는 비교가 안 되는 대규모 피의 제노사이드 살육 전쟁이었습니다.

약 1억 명으로 추정되는 아메리카 인디언은 수백만 명만 살아남았습니다. (피에르 클라스트르, 『국가에 대항하는 사회』) 생존 인디언들은 대부분 집단수용소 비슷한 보호구역에서 인도의 불가촉천민처럼 살고 있습니다.

자본에게 가장 수지맞는 장사는 뭐니뭐니 해도 전쟁입니다. 3천만 명 이상 죽은 1차 세계대전도 5천 5백만 명이나 죽은 2차 세계대전도 6.25동란도, 우크라이나 전쟁과 이스라엘-하마스 전쟁도 자본에게는 엄청난 돈벌이 기회일 뿐입니다.

양차 세계대전 기간 중 듀퐁, 포드, GM, IBM, ITT, 스탠다드오일 등 미국의 대자본들은 전쟁 전보다 수백 %에서 1천 % 이상 떼돈을 벌었습니다. 록펠러, 모건 등 국제 금융자본가들의 돈벌이 규모는 천문학 단위였던 것으로 알려져 있습니다. (스메들리 버틀러, 『전쟁은 사기다』, 공존)

더 이상 개척할 식민지가 없어지자 자본은 새로운 미지의 식민지에 눈독 들이기 시작했습니다. 바로 인간 자신의 몸과 마음입니다. 인간의 몸과 마음은 유전자와 호르몬, 시냅스 등으로 환원되고, 자연스런 노화와 심리변화까지도 치료해야 할 질병으로 상품화되었습니다. 오늘날 극소수 거대 글로벌 IT기업이 주도하는 디지털 경제란 사실 인간의 몸과 마음, 자연과 세계. 푸른별 지구, 나아가 우주까지를 가상의 데이터로 바꾸어 자본의 최대 이윤 도구로 판매하는 새로운 식민지 침략 전쟁에 다름아닙니다.

그리고 마침내 그 완결판이 인공지능입니다.

인간 지능이라는 대량살상무기

영국의 청교도들은 종교의 자유를 찾아 조국을 떠나 아메리카에 미국이라는 신생 독립국을 세웠습니다. 세월이 변했다고는 해도 생활의 모든 분야에서 개신교 전통이 강하게 뿌리내려 작동하고 있는 것처럼 보입니다. 그런데 원수를 사랑하라는 예수의 말씀은 미국인들의 생활 어디에 뿌리내렸는지 잘 보이지 않는 것 같습니다.

미국은 건국 초기에는 상비군도 없었습니다. 그런 미국이 지금은 전세계 군비의 거의 절반 정도를 쓰면서 이미 AI 무기로 무장한 약 133만 상비군의 전쟁 국가가 되었습니다.

사실 위험한 것은 AI 기술 자체가 아닙니다. 근대 국민국가 체제 자체, 자본주의와 사회주의의 개발과 성장 그 자체가 더 큰 위험 요소입니다. 거대 빅테크 기업들의 무한 탐욕이, 그런 돈벌이 빅테크 기업들의 탐욕을 아낌없이 지원해주고 후원해주는 사람들의 무지와 탐욕이 더 위험합니다.

제국주의 국가들의 세계대전을 2번이나 치르고도 21세기인 지금 인류는 여전히 3번째 세계대전이 언제 터질지 모른다는 불안감에 시달리고 있습니다. (헨리 키신저·에릭 슈밋·대니얼 허튼로커, 『AI 이후의 세계』, 월북) 전쟁 기계인 국가에 가공할 인공지능 무기가 공급된다면 패권 국가들 간의 3차 세계대전은 언젠가는 터지고 말 상수일 것입니다. 약 1만 3천여 개나 되는 전세계 핵폭탄이 터진다면 인류뿐만 아니라 지구 생태계의 거의 모든 생명체가 멸종될 지도 모릅니다.

더구나 녹아내린 시베리아 동토에서 코로나보다 치사율이 몇 십배 높은 바이러스가 나타나 또다시 새로운 팬데믹 사태를 일으킬지도 모릅니다.

인공지능 시대의 대량살상무기는 다름 아닌 인간의 지능과 인간의 언어 지능을 그대로 모방 학습한 AI의 지능이라고 말할 수 있습니다. 지능 폭발을 일으킨 호모 사피엔스의 전세계 확산과 정복의 역사는 또한 전세계 원시림과 대형 포유류들의 멸종 역사이기도 합니다. 지금도 화석연료 기업들의 탐욕으로 여섯 번째 대량멸종이 점점 더 가속화되고 있는 중입니다.

트랜스 휴머니즘

과학은 자연선택에 의한 진화를 지적 설계에 의한 진화로 대체하고 있다... 신이 하는 지적 설계가 아니라 우리가 하는 지적 설계, 우리의 클라우드가 하는 지적 설계. IBM 클라우드, 마이크로소프트 클라우드가 새로운 진화의 동력이다. 과학은 40억 년 동안 유기화합물이라는 제한된 영역에 갇혀 있던 생명체를 무기물의 영역으로 진입시킬지 모른다. (아론 케리아티, 『새로운 비정상』, 진지)

이 말을 한 사람은 이스라엘의 대학교수 유발 하라리입니다. 트랜스휴먼(trans-human), 즉 인간과 기계가 결합된 새로운 기계인간주의에 대해 그가 한 발언의 전체 내용을 보면 충격받을 사람들이 적지 않을 것입니다.

2018년 76세로 죽은 스티븐 호킹을 비롯해서 놀라운 정도로 많은 과학자들이 기계인간주의자들입니다. 일반 사람들 중에서도 의외로 기계인간주의를 신봉하는 사람들이 많습니다. 이들을 상징하는 기호가 H+(Human Plus)입니다.

이들은 생명체인 인간을 무생물의 기계와 결합된 기계인간으로, 종국에는 컴퓨팅화된 기계 지능으로 대체하고자 합니다. 인간 자신이 인공일반지능(AGI)이나 초지능이 되고자 하는 이런 주장은 이윤 극대화를 추구하는 자본주의 논리가 인간 자신에게 투사된 판박이 이론과 세계관입니다. 과학기술 만능주의가 낳은 21세기 극단의 우생학이기도 합니다. 늙지도 않고 더 강하게 더 건강하고 오래 살고 싶은 인간 탐욕의 극대화입니다.

인간 지능의 가장 빛나는 발견

인간의 지능이 도달할 수 있는 가장 빛나는 발견은 다름 아닌 붓다의 호흡명상법입니다. 호흡명상을 통한 나-우리-세계의 실상에 대한 자각입니다. 많은 사람들이 그렇게 말하고 인정하고 있습니다.

축의 시대 훨씬 이전부터 시작된 것으로 보이는 호흡명상은 몸과 마음의 긴장을 한순간에 풀어줍니다. 뇌과학은 명상이 놀랍게도 인간의 면역력을 엄청나게 높여준다는 사실을 속속 발견하고 있습니다. 몸뿐만이 아니라 마음의 면역력도 높여줍니다.

예수는 광야에서 오랫동안 명상을 통해 탐욕을 버리고 가장 낮은 곳으로 내려와 모든 사람들을 우러러 섬겼습니다. 예수는 이웃들과 함께 더불어 사는 삶이야말로 다른 무엇보다 가치 있는 삶이라고 사람들의 마음에 호소했습니다. 인간은 귀천 없이 모두 평등하며 부자는 가난한 사람들에게 재산을 함께 나누어야 합니다. 천국이란 먼 곳에 있는 게 아니라 다름 아닌 우리 마음속에 있습니다.

예수는 다섯 덩어리의 빵과 두 마리 고기로 모여 있던 수많은 사람들을 배불리 먹였다는 오병이어의 기적을 일으켰습니다. 이 기적은 모든 사람이 자신이 갖고 있는 빵과 고기를 함께 가져와 나누는 공유의 기적을 말하는 것이라고 할 수 있습니다.

붓다와 예수와 공자의 가르침을 통합했던 동학의 모심과 살림이 똑같았습니다. 1893년 3월, 동학교도 2만여 명이 식량과 솥단지를 들고 함께 모여 종교의 자유와 일본제국주의 척결을 외쳤던 보은취회(聚會)는 이 같은 공유의 기적과 공유의 함성이었습니다.

원불교의 소태산이 제자들과 함께 이런 공유의 협동조합을 일구고, 더불어 함께 깨달음의 삶을 살았습니다.

언어를 통해 발전된 인간 지능이 지능의 작동을 끄고 언어 이전의 상태와 언어 이후의 상태를 경험할 수 있는 방법이 호흡명상입니다.

붓다가 지혜제일이라고 불렀던 제자 싸리뿟따는 붓다와 똑같이 어떤 대상에 대한 탐욕과 성냄과 무지가 사라지면 그것이 곧 니르바나라고 강조해서 말했습니다. 걷기명상은 한 걸음 한 걸음마다 니르바나를 체험하게 해 줍니다.

잠부카다까: 벗이여, '열반, 열반'이라고 하는데, 열반이란 무엇입니까?
싸리뿟따: 벗이여, 탐욕이 부서지고 성냄이 부서지고 어리석음이 부서지면 그것을 열반이라고 부릅니다. (전재성 역주, 『쌍윳따니까야』, 「열반의 경」)
부동의 심해탈은 탐욕이 텅 비고, 분노가 텅 비고, 어리석음이 텅 비었습니다. 존자여, 탐욕은 무엇인가에 대한 것이고, 분노는 무엇인가에 대한 것이고, 어리석음은 무엇인가에 대한 것입니다. (이중표 편역, 『맞지마니까야』, 「교리문답의 큰 경」)

붓다가 호흡명상을 통해 깨달은 인간 삶의 실상과 연기의 세계는 인간 지능의 가장 빛나는 발견입니다. 그리고 통찰과 지혜입니다.

전쟁이냐 평화냐, 공존이냐 파멸이냐의 갈림길에서 어떤 길로 들어설지는 아직도 인류의 선택에 달려 있습니다. 이 선택이 평화와 조화, 공유와 공존의 선택이 될 수 있는 거의 유일한 가능성은 인류의 가장 빛나는 발견인 호흡명상과 지혜의 빛이 우리들 모두의 몸과 마음속에서 우러나와 빛나는 것입니다. 탐욕을 버리고 이웃과 함께 공동선의 행동에 나서는 것입니다.

그 지혜의 빛이 나와 우리의 '더불어 함께 행동'(inter-doing)으로 함께 훤히 빛나기를 기도하며 걷습니다.

텅 비우면서 걷습니다. ☀

제6장 함께 걷기(inter-walking)

40. 무소유와 3보1배

무소유

붓다와 제자들의 소유물은 가사와 발우, 상비약 등 생명을 유지할 수 있는 최소한의 것으로 단출하기 짝이 없었습니다. 붓다와 제자들의 상가공동체는 아무것도 소유하지 않는 무소유의 삶을 살았습니다. 상가공동체는 공산주의보다 더 뿌리 깊은 공유를 실천했습니다.

공산주의는 토지와 공장 등 생산수단의 공유를 통해 만인의 평등을 실현하고자 했습니다. 그러나 상가공동체는 생산수단의 공유 자체를 거부했습니다. 대신 삶의 진리와 깨달음을 모든 대중들과 공유해 만인의 해탈과 만인이 평등하게 지복을 누리는 삶을 실현하고자 했습니다.

예수의 공동식사 공동체 또한 공산주의와 소유를 뛰어넘는 공유의 공동체였습니다.

법정 스님은 무소유로 널리 알려져 있습니다. 그런데 20세기를 살았던 법정 스님은 소유물이 참 많았습니다.

책입니다. 책은 붓다의 가르침입니다. 붓다의 가르침을 현대어로 재해석하기 위한 다방면의 공부입니다. 붓다의 육성을 듣지 못하니 책을 통해 들을 수밖에 없고, 인문학과 사회과학, 자연과학을 배워야 합니다. 책은 법정 스님의 소유물이 아니라 듣고 그리고 함께 나누는 붓다의 공유 법문이었습니다.

길상사에 가면 법정 스님이 세운 길상사 도서관에서 붓다 법문을 들을 수 있습니다.

길상사는 조선 최고의 빼어난 서정시인 백석과 길상화(吉祥華) 김영한의 서사가 깃들어 있는 절이기도 합니다. 김영한은 1932년 16살 때 조선 권번에서 궁중 아악과 가무를 배워 기생 진향이 됩니다. 진향은 백석과 연인이었다고 합니다. 김영한은 유명한 요정이었던 대원각의 주인으로 1995년 당시 1천억이 넘는 대원각을 법정 스님에게 시주합니다.

법정 스님으로부터 길상화라는 법명을 받은 그녀는 대원각을 시주할 당시 기자들에게 답합니다. "1천억이 그 사람 시 한 줄만 못해."

범어사 대강백인 무비 스님도 앗사지처럼 법 공양을 게을리 하지 않습니다. 대면과 비대면으로 법문을 하고, 좋은 법문과 당신의 책을 여기저기 나누어 줍니다. 한 사람이라도 더 붓다인 자신의 몸과 마음으로 귀향하게 하기 위함입니다. 한 사람이라도 더 자신이 부처임을 깨닫도록 티없는 맑은 눈을 되찾게 하기 위함입니다.

걷기명상을 시작하면 자연스럽게 붓다의 가르침에 대해 공부하게 됩니다. 다양한 걷기명상 관련 동영상을 검색해서 찾아보기도 합니다. 정보와 지식이 대홍수처럼 쏟아지는 시대인만큼. 옥석을 가리는 일조차 힘듭니다.

번역된 빠알리어 경전도 읽습니다. 틱낫한 스님, 달라이 라마, 데이비드 로이 등의 책을 읽기도 합니다

붓다에 대해서도 수많은 견해와 주장이 많습니다. 불교도들의 세계관 또한 실로 다양하기 짝이 없습니다. 역사와 문화가 다르니 당연한 일입니다. 그런 수많은 세계관, 견해와 주장의 홍수에 떠내려가지 않기 위해서는 나라는 섬에 굳건히 발을 내리고 걷기명상을 하면서 나라는 섬에 의지해야 합니다. 열린 마음으로 인정과 경청을 통해 그런 수많은 세계관의 장점을 발견하고 단점은 보완합니다.

붓다로 산다는 것은 지금 여기 이 순간 멈추고 바라보고, 알고 알아차림하고 주의집중하고 그리고 새로운 지금 여기의 삶을 사는 것입니다. 동시에 내 옆과 앞과 뒤의 살아있는 붓다들과 함께 세상 속으로 들어가 행동하는 것입니다.

다른 게 있을 수 없습니다. 내가 붓다가 되는 것이야말로 붓다가 가장 기뻐하고 원했던 일입니다.

내가 가장 낮은 곳으로 내려가 가난하고 고통받는 사람들을 섬기고 모시는 예수가 되는 것이야말로 예수가 가장 기뻐하고 원했던 일입니다.

경전과 붓다 관련 책을 읽는 것, 예수 관련 책을 읽는 것은 붓다의 법과 예수의 복음을 듣는, 진리를 배우는 공부입니다. 걷기명상은 진리를 내 몸과 마음으로 스스로 깨닫는 니르바나의 체험입니다.

책 한 권을 이웃에게 보내는 일, 매일 500원씩 동전을 저금통에 넣어

자비행을 실천하는 일, 이것이 지금 여기 이 순간을 온전히 붓다와 함께, 이웃과 함께 현존하는 생생한 사랑과 기쁨의 삶입니다.

공부와 걷기명상, 자비의 실천은 하나입니다.

책을 읽는 독서삼매에 빠져 있습니다. 진리의 바다를 걷기명상합니다. 붓다의 목소리가 들립니다. 나는 걷습니다.

3보1배

2003년 3월 28일 오전 11시. 새만금 해창 갯벌에 800여 명의 사람들이 모였습니다. 날은 흐리고 아직 3월의 바닷바람은 쌀쌀했습니다. 길 건너 해창 석산에서는 산을 파헤치고 깨뜨리는 중장비 소리가 쿵쿵쾅쾅 들려오고, 갯벌 건너 새만금 방조제에는 돌을 실은 대형 트럭들이 쉴 새 없이 질주하고 있었습니다.

'새만금 갯벌과 온 세상의 생명 평화를 염원하는 3보1배 순례'가 시작된 날이었습니다. 3보1배는 우리나라뿐만 아니라 전세계 수많은 사람들에게 강한 인상을 남겼습니다. 이날부터 3보1배는 보통명사에서 고유명사로 바뀌었습니다.

마침 방한 중이던 틱낫한 스님이 직접 해창 갯벌로 와서 모인 사람들과 함께 갯벌에 세워진 30여 개의 장승 주위를 천천히 돌면서 걷기명상을 했습니다.

세 걸음을 걷고 가장 낮은 자세로 땅에 온몸을 던지며 오체투지로 엎드려 한 번 절을 합니다. 탐욕과 성냄과 어리석음의 세 가지 독화살을 뽑아 내려놓는 세 걸음. 오체투지로 지구별에 평화와 자비를 구하는 한 번의 절.

　문규현 신부, 수경 스님, 김경일 교무, 이희운 목사 등의 선각자와 함께 하는 순례공동체는 이런 3보1배로 길 위에서 사람들의 마음과 세상의 내면 속으로 깊이 들어갔습니다. 65일 동안 그렇게 매일매일 태초의 세상을 열며 새만금에서 서울 광화문까지 321.3km를 행진했습니다.

　순례단은 처음에는 수십 명에 지나지 않았습니다. 그러나 시간이 지날수록 점점 불어나 수도권으로 진입하면서는 어느새 1,000여 명에 이르는 사람들이 길게 늘어서서 모두 다 3보1배를 했습니다. 서울로 들어와 5월 31일 광화문에서 1,000여 명이 3보1배하는 그 모습 자체가 장관이었고, 수많은 사람들에게 감동을 주었습니다.

　마하트마 간디는 영국 식민 총독부가 소금독점법을 제정하고 인도인들에게 과도한 소금세를 부과하자 1930년 3월 12일에서 4월 6일까지 소금세 폐지의 시민불복종 걷기 행진을 벌입니다. 처음 79명이 시작한 소금 행진은 점점 늘어나 6만여 명이 행렬을 이뤄, 390km나 행진을 하게 됩니다. 1년 뒤 소금법은 폐지됩니다.

　마틴 루터 킹 목사를 선두로 흑인 20여만 명은 1963년 8월 28일 아프라카계 미국인에 대한 인종 차별 정책을 철폐시키기 위해 워싱톤에 모여 평화대행진을 벌입니다. 1년 뒤인 1964년 공공장소에서의 인종 차별과 고용 차별을 철폐하는 민권법이 통과됩니다.

오늘날 더 많은 사람들이 지금 여기의 평화와 고통받고 있는 사람들을 위해 자비행의 걷기 행진을 하고 있습니다. 이런 더불어 함께 행동이 마음을 바꿔 새로운 세상의 태초를 열게 만듭니다. 사람들을 바벨탑에서 탈출할 수 있도록 돕습니다.

오늘도 함께 걷습니다. 내일이라는 오늘도 함께 걸을 것입니다. ☀

41. 하느님은 소유할 수 없습니다

1991년 11월 녹색평론 창간호는 아메리카 인디언 부족 추장의 연설문을 번역해 실었습니다. 30년을 훌쩍 지난 지금 오히려 더 고개를 끄덕이게 만들고, 마음 깊숙이 공명하게 만드는 연설문입니다.

그대들은 어떻게 저 하늘이나 땅의 온기를 사고팔 수 있는가? 우리로서는 이상한 생각이다. 공기의 신선함과 반짝이는 물을 우리가 소유하고 있지도 않은데 어떻게 그것들을 팔 수 있다는 말인가? 우리에게는 이 땅의 모든 부분이 거룩하다.

빛나는 솔잎, 모래 기슭, 어두운 숲속 안개, 맑게 노래하는 온갖 벌레들, 이 모두가 우리의 기억과 경험 속에서는 신성한 것들이다. 나무속에 흐르는 수액은 우리 홍인(紅人)의 기억을 실어 나른다. 백인은 죽어서 별들 사이를 거닐 적에 그들이 태어난 곳을 망각해 버리지만, 우리가 죽어서도 이 아름다운 땅을 결코 잊지 못하는 것은 이것이 바로 우리 홍인의 어머니이기 때문이다.

우리는 땅의 한 부분이고 땅은 우리의 한 부분이다. 향기로운 꽃은 우리의 자매다. 사슴, 말, 큰 독수리, 이들은 우리의 형제들이다. 바위산 꼭대기, 풀의 수액, 조랑말과 인간의 체온 모두가 한 가족이다...

이 땅은 하느님에게 소중한 것이므로 땅을 해치는 것은 그 창조주에 대한 모욕이다. 백인들도 마찬가지로 사라져 갈 것이다. 어쩌면 다른 종족보다 더 빨리 사라질지 모른다. 계속해서 그대들의 잠자리를 더럽힌다면 어느 날 밤 그대들은 쓰레기더미 속에서 숨이 막혀 죽을 것이다. 그러나 그대들이 멸망할 때 그대들을 이 땅에 보내주고 어떤 특별한 목적으로 그대들에게 이 땅과 홍인을 지배할 권한을 허락해 준 하느님에 의해 불태워져 환하게 빛날 것이다. 이것은 우리에게는 불가사의한 신비이다...

한 가지 우리는 알고 있다. 우리 모두의 하느님은 하나라는 것을. 이 땅은 그에게 소중한 것이다. 백인들도 이 공통된 운명에서 벗어날 수 없다. 결국 우리는 한 형제임을 알게 되리라. (시애틀 추장 연설, 「우리는 결국 모두 형제들이다」, 『녹색평론』 창간호, 1991.)

또 다른 인디언의 목소리도 들립니다.

얼굴 흰 사람들은 삶의 목표를 오로지 더 많이 소유하는 것, 더 큰 부자가 되는 것에 두고 있다. 그들은 온 세상을 저 혼자 독차지하려고 한다. 지난 30년 동안 그들은 끊임없이 우리에게 땅을 팔라고 요구해 왔다. 마침내 우리가 말을 듣지 않자 군인들을 보내 강제로 땅을 빼앗아갔다. 그렇게 해서 우리는 아름다운 땅으로부터 쫓겨났다.

얼굴 흰 사람들은 정말로 특이한 자들이 아닐 수 없다. 그들은 하루를 여러 시간으로 나누고... 모든 것을 돈으로 환산해 가치를 따지고, 끝까지 이익을 추구하며, 마침내 자기에게 이익이 되지 않으면 쓸모없는 것이라 여긴다....

얼굴 흰 사람들은 은행이라는 집에 돈을 맡기고 가끔씩 이자를 붙여 찾아간다. 우리 인디언들에게는 은행이라는 것이 없다. 우리는 돈이나 담요가 남으면 그것을 다른 사람에게 나눠주며, 필요할 때는 그들에게 얻어다 쓴다. 주는 것, 그것이 우리에게는 은행인 셈이다.

우리가 보기에 그들은 삶의 기준을 돈에다 두고 있으며, 진실과 거짓조차 돈 앞에서는 그 위치가 뒤바뀐다. 죽음 앞에서도 진실을 말하는 우리 인디언들과 사뭇 다르다. 그들은 누구보다도 진리에 대해 잘 설명하고, 진리가 적혀있다는 책을 늘 지참하고 다닌다. 그러나 그들만큼 진리와 동떨어진 행동하는 자들도 없다. 만일 인디언 부족 내에 그런 자가 있었다면 당장 부족 밖으로 추방당했을 것이다...

우리에게는 삶이 곧 진리이며, 진리가 곧 삶이다. 진리로부터 멀어진 삶은 죽음이며, 그런 삶을 사는 자에게는 진리의 책도 아무 소용없다. (다코타족 오히예사의 삼촌, 「우리가 이해할 수 없는 것」, 류시화 엮음, 『나는 왜 너가 아니고 나인가』, 김영사)

서구 근대 자본주의는 역사상 처음으로 인간의 탐욕을 부추기고 정당화하는 체제입니다. 이에 맞선 사회주의는 분노를 정당화하는 이데올로기였습니다.

붓다도 예수도 무함마드도 이런 탐욕과 분노를 버려야 한다고 강력한 언어로 가르쳤습니다. 그런데 예수의 가르침이 일상생활에 속속들이 침투해있고 오랫동안 그리스도 국가였던 유럽 나라들에서 탐욕의 세계관인 자본주의가 생겨나고 번성하고 전세계로 퍼져나간 것은 참으로 기이한 역설이 아닐 수 없습니다.

역사 속에서 살아 생생하게 실존한 붓다와 예수, 무함마드의 가르침을 따르는 게 아니라 그들을 신격화하는 것은 자신의 삶을 다른 어떤 존재가 대리해서 살게 하는 외주화입니다. 또는 붓다와 예수와 무함마드에 자신의 탐욕을 투사해서 그들을 승진과 합격과 더 많은 돈이라는 탐욕의 붓다, 탐욕의 예수, 탐욕의 무함마드로 만드는 재활용, 아니 '재악용'입니다.

하느님을 탐욕의 하느님으로 재악용하고, 붓다와 예수를 탐욕의 신으로 재악용할 수는 있습니다. 그러나 하느님과 붓다, 예수를 소유할 수는 없습니다. 나에게만 돈과 명예와 건강을 주는 붓다, 예수는 없습니다.

오늘도 하루 종일 걷습니다.
오늘은 지금 여기 책상에 앉아 책을 읽습니다. 발바닥 대신 책으로 책 읽기 독서삼매 명상을 합니다.

책을 덮고, 지금 여기의 글을 씁니다. 두 발바닥 대신 글로 걷고 있습니다. 온 마음을 다해 글쓰기 명상을 하고 있습니다. ☀

42. 인류 공동의 집이 불타고 있습니다

붓다는 말합니다. 우리 몸이 불타고 있습니다. 우리 마음이 불타고 있습니다.

걷기명상을 하면서 나는 나에게 말합니다. 우리의 숲이 불타고 있습니다. 우리가 돌아갈 집, 지구별이 불타고 있습니다.

프란치스코 교종이 호소합니다. 우리 모두의 공동의 집이 불타고 있습니다.

지구별에서 이산화탄소를 대규모로 흡수하는 곳은 두 군데가 있습니다. 숲과 바다입니다.

그러나 지구별에서 산소를 대규모로 공급하는 곳은 단 한 군데뿐입니다. 숲입니다.

그런 지구별 숲이 불타고 있습니다. 골프장을 개발한다고, 석산을 개발한다고, 쓰레기 매립장을 만든다고, 공장을 짓는다고 사람들이 숲을 불태우고 있습니다. 지구의 허파 아마존 숲을 농토와 목축지로 바꾼다고 사람들이 불태우고 있습니다.

"당신들은 내가 태어날 때부터 지금까지 줄곧 협상만 하고 있습니다."
20살의 캐나다 대학생 안잘리 아파두라이가 2011년 11월 남아프리카 더반에서 열린 유엔 기후정상회의 석상에서 비정부기구를 대표해서 한 말입니다. 유엔 기후정상회의는 그녀가 태어난 해인 1992년 브라질의 리우에서 처음 열렸습니다.

"세계 지도자 여러분, 저는 직업을 위해 연기하지만 여러분은 그래서는 안 됩니다."

영화 「타이타닉」의 주연 남배우 레오나르도 디카프리오가 2014년 유엔 기후정상회의에서 각국의 지도자들 앞에서 한 말입니다.

"당신들은 헛된 말로 저의 꿈과 어린 시절을 빼앗았습니다."

16살의 그레타 툰베리가 2019년 9월 23일 뉴욕의 유엔 기후정상회의에 참석한 각국의 지도자들에게 한 말입니다.

기후위기에 대응하고 이를 해결하기 위한 유엔의 국제회의는 매번 춤만 추는 말잔치의 회의로 끝납니다. 그 사이 지구별은 더 뜨거워지고 가난한 사람들은 더 많은 기후재난에 시달리게 되었습니다.

1958년 3월 하와이 마우나로아 관측소에서 세계 최초로 측정한 이산화탄소 농도는 313ppm이었습니다. 산업화 이전 지구 평균 이산화탄소 농도는 대략 280ppm이었습니다.

리우 기후정상회의가 열렸던 1992년의 대기 중 이산화탄소 농도 평균은 357ppm.

2013년 5월 마침내 마우나로아 이산화탄소 측정값은 마지노선이라고 여겨지던 400ppm을 넘어섰습니다.

마우나로아 관측소가 발표한 2024년 5월의 평균 이산화탄소 측정값은 426.90ppm입니다.(2023년 4월 평균은 424.00. www.esrl.noaa.gov)

걷기명상을 하는 나는, 우리는 숲입니다

숨을 한 번 깊이 들이쉬고 발을 내밉니다. 발바닥을 통해 지금 여기 창백하고 푸른 지구별의 비명소리가 들려옵니다. 불타고 있는 숲의 그 뜨거운 불길이 내 온몸을 휘감습니다.

내 발바닥이, 내 발이, 우리의 몸과 머리가, 숲의 잎과 줄기, 뿌리인 내가 불타고 있습니다.

또 한 발을 내딛습니다. 발바닥이 불에 데인 듯 뜨겁습니다.

이제 나는 고통입니다. 고통을 알아차리고 들숨날숨을 알아차립니다.

이제 나는 고통을 소멸시키는 길을 걸어가고 있습니다. ☀

43. 21세기 탁발 공양, 기후 텃밭

농사철이 이제 곧 시작입니다. 원혜 스님의 텃밭은 상추, 고추, 아욱, 쑥갓, 감자, 고구마, 옥수수, 오이, 호박 등등 온갖 작물들이 자라는, 기후위기에 적응하는 유기농 기후 텃밭입니다. 지구별에게 땅을 빌려 온몸과 마음을 다해 전심전력으로 먹거리를 탁발하는 수행의 텃밭 승원입니다. 그리고 지구별에 온몸과 마음을 다한 평화를 선물로 돌려줍니다.

붓다와 비구, 비구니들은 마을 주민들로부터 밥을 빌어먹었습니다. 그러나 마을 주민들에게 절대로 밥을 달라고 요구하지는 않았습니다. 그냥 주민들이 주는 대로 먹었습니다. 고기를 주면 고기를 먹고, 밥과 채소를 주면 밥과 채소를 먹고, 빵을 주면 빵을 먹었습니다. 대신 주민들의 생활과 삶에 유익한 진리의 가르침을 마음의 식량으로 돌려주었습니다.

비구의 또 다른 의미는 모든 것을 포기한 사람입니다. 출가 이전의 지위나 명성, 그리고 무엇보다도 탐욕과 갈애, 집착을 포기하고, '나', '자아'라는 아상(我相)을 포기한 사람입니다.

포기에서 끝나는 게 아니라 청정한 삶으로서 중생과 세상을 구제하는 새로운 현존의 삶을 사는 사람들입니다.

지금으로부터 4천 2백 년 전 세계 최초의 제국으로 알려진 메소포타미아 지역의 아카드 제국은 제국을 건설한 지 얼마 지나지 않아 단기간에 무너지고 역사 속으로 사라지고 말았습니다. 몇 년 간 지속된 대규모의 혹독한 가뭄을 이겨낼 수 없었기 때문입니다.

거대한 피라미드를 세웠던 이집트의 고왕국도, 모헨조다로의 인더스 문명도 비슷한 시기에 북반구에 몰아닥친 대가뭄으로 기근이 계속되면서 찬란했던 문명은 순식간에 붕괴되고 말았습니다.

기후변화 때문입니다.

14세기부터 대략 1850년대까지 계속된 '소빙하기'의 유럽은 전례 없는 강풍에 시달려야 했습니다. 1588년 8월 스페인의 무적함대를 궤멸시킨 것은 영국 전함의 대포가 아니라 그들을 강타한 광풍이었습니다.

악화되는 소빙하기 기후에 프랑스에서는 흉작이 계속되었습니다. 결국 1788년 대흉작의 여파로 굶주림에 시달리던 프랑스 농민들과 도시 빈민층이 궐기해 이듬해인 1789년 프랑스 대혁명이 일어났습니다.

1845년부터 1849년까지 4년 동안 아일랜드의 대기근 사태와 아메리카 이민 물결도 단일 품종의 감자 재배와 소빙하기 기후변화로 인한 감자 늦동고병(胴枯病, late blight)의 창궐 때문이었습니다. 인구 8백만의 작은 섬나라에서 1백만 명 이상의 주민이 굶주림과 전염병으로 죽었습니다. 그리고 1백만 명 이상이 아메리카로 탈출했습니다. (브라이언 페이건, 『기후는 역사를 어떻게 만들었는가』, 중심)

지금도 미국 전체 인구 가운데 아일랜드계는 10%대를 차지합니다.

조선왕조실록에 기록된 1670년(庚戌年)과 1671년(辛亥年)의 경신대기근 사태는 유럽과 달리 소빙하기의 기후변화로 잦은 홍수가 일어나 흉작 사태가 벌어졌기 때문입니다. 이때 수많은 아사자들이 속출했습니다. 20

년 뒤인 1695년부터 4년여 계속된 을병대기근 또한 수많은 백성들이 죽은 기후재난이었습니다. (박정재, 『기후의 힘』, 바다출판사).

게르만족의 대이동도 기후변화에 따른 식량부족이 원인이었습니다. 이로 인해 로마가 멸망했습니다. 아리안족의 인도 진출과 정복도, 몽고의 서진과 유럽 침략도, 훈족의 대이동도 기후변화가 원인이었습니다. 마야 문명, 앙코르와트의 몰락도 마찬가지였습니다.

이처럼 기후위기는 곧바로 식량 위기로 이어지고, 문명의 붕괴로 귀결됩니다.
누구나 조만간 식량 전쟁이 일어날 것을 걱정합니다. 냉해로 배꽃과 사과꽃이 떨어져 가격이 폭등하는 사태는 곧 농산물 전체로 확산될 것입니다.
기후위기로 변화된 세상의 구명보트는 기후농업밖에 없습니다.

변화된 시대에는 변화된 시대에 맞는 붓다의 가르침이 필요합니다. 현대 산업사회에서 걸식은 아주 이상한 일이고 우리나라에서는 도시건 농촌이건 실제 가가호호 돌아다니며 걸식하는 스님들은 눈을 씻고 찾아보아도 없습니다.

텃밭 기후농사는 텃밭에서 지구별 행성의 흙에게 밥을 얻어먹는 기후위기 시대 출가자와 재가자들의 탁발 공양입니다.
텃밭에서 하는 걷기명상입니다.

256

아파트 베란다에서도 텃밭 농사를 지을 수 있습니다. 몇 포기의 고추와 상추와 방울토마토 텃밭 농사는 그 자체가 경쟁과 생활고로 황폐해진 마음을 위로해주는 치유 농사이기도 합니다.

일하지 않으면 먹지도 마라.
백장회해(百丈懷海, 749~814) 선사의 일갈입니다.

일기예보가 내일은 비가 온다고 합니다.
서둘러 원혜 스님 텃밭으로 올라가서 탁발 공양의 걷기명상을 합니다. 지구별 흙에게 고맙다는 절을 합니다.
봄날의 햇볕에 온몸이 땀으로 흠뻑 젖습니다. ☀

44. 사업가와 어부

독일의 소설가 하인리히 뵐이 쓴 짧은 손바닥 소설, 「노동윤리의 붕괴에 대한 일화」를 일부분 인용해보겠습니다. 뵐은 1972년 노벨문학상을 수상했습니다.

유럽 서쪽 해안의 어느 항구에서 초라한 차림의 어부가 자신의 어선에 누워 졸고 있었다. 바로 그때 세련된 차림의 한 여행자가 카메라에 컬러 필름을 새로 끼워 넣으며 그곳의 풍경을 찍으려고 했다. 파란 하늘, 새하얀 파도가 잔잔하게 밀려오는 녹색 바다, 검은 배, 어부의 빨간 모자. 찰칵. 다시 한번 찰칵. 모든 일은 세 번이 좋은 것이지, 암 당연하지. 그러니 세 번째로 찰칵.

신경에 거슬리는 적대적인 소음에 잠을 깬 어부는 일어나 앉아 졸린 듯한 눈으로 담배갑을 더듬어 찾는다. 그러자 여행자가 재빠른 동작으로 담뱃갑을 코앞에 내민다. 담배를 어부의 입이 아니라 손으로 건네주며 라이터로 불까지 붙여주고는 네 번째로 찰칵.(중략)

"오늘 고기를 많이 잡으셨나 보군요."

어부는 고개를 가로젓는다.

"그렇지만 오늘은 고기를 잡기에 날씨가 좋다고들 하던데요."

어부가 고개를 끄덕인다.

"그런데도 고기를 잡으러 안 나간단 말인가요?"

어부가 고개를 끄덕이자 여행자의 신경이 과민해진다. 옷차림이 초라한 사람들의 행복이 마음에 걸리던 여행자의 머릿속으로 어부가 기회를 놓치는 것이 안타깝다는 생각이 파고든다.

"혹시 어디 몸이 불편한가요?"

그러자 어부는 마침내 동작으로만 하던 대꾸를 끝내고 입을 열어 대답한다.

"몸 상태는 아주 좋아요. 어느 때보다 오늘은 몸이 좋단 말이오."(중략)

"그런데 왜 고기를 잡으러 나가지 않는 건가요?"

그러자 간단하지만 핵심을 찌르는 대답이 돌아온다.

"오늘 아침에 이미 나갔다 왔으니까요."

"많이 잡았나요?"

"다시 나갈 필요가 없을 정도는 됩니다. 바닷가재 네 마리하고 고등어를 스무 마리 넘게 잡았으니까요."(중략)

이방인은 고개를 흔들면서 뱃전에 앉는다. 카메라를 바닥에 내려놓는다. 말하면서 제스쳐를 쓰려면 양손이 필요하기 때문이다.

"당신의 일에 간섭하고 싶지는 않지만… 그렇지만 한 번 생각해보십시오. 두 번, 세 번 나가면 스무 마리가 아니라 서른 마리, 쉰 마리, 백 마리라도 잡을 수 있는 것 아니겠소? 그렇지 않아요?"

어부가 고개를 끄덕인다. 여행자가 말을 잇는다.

"마음만 먹으면 오늘뿐만 아니라 내일도 모레도 나갈 수 있는 거 아니요? 두 번 아니라 세 번, 네 번을 나갈 수도 있고요. 그러면 어떤 일이 생길까요? (중략) 넉넉잡고 1년이면 엔진이 달린 배를 구입할 수 있을게요. 2년이 지나면 배를 한 척 더 장만할 수도 있고 말이오. 3~4년만 지나면 작은 범선도 살 수 있을 테고 범선 하나와 모터보트 두 척이면 당연히 훨씬 많은 고기를 잡을 수 있고 말이오. 그러다 보면 두 번째 범선을 장만하게 되고 그리되면..."

스스로 감격해서 여행자의 목이 잠긴다.

"그리되면 작은 냉동 창고도 지을 수 있을 것이고 아마 훈제 제조 공장이나 나아가 생선 소스 공장도 차릴 수 있을게요. 또 헬리콥터를 장만해서 어군을 탐지해 무전으로 어선에 위치를 알릴 수도 있겠지요. 당신은 연어 조업권도 따낼 수 있을 거예요. 생선 전문 레스토랑도 차릴 수 있고 중간상인 없이 직접 파리로 바닷가재를 수출할 수도 있고 말이오."(중략)

마음이 심란한 듯 머리를 흔들면서 여행자는 이미 자신의 휴가 계획은 잊어버리고 잔잔하게 밀려오는 파도를 바라본다. 마치 그 속에서 뛰노는 고기를 잡지 못해 안타깝다는 표정이다.

"그뿐만 아니라..."(중략)

"그런 다음에는 뭐요?"

어부가 나지막이 묻는다.(중략)

"그런 다음에는 당신은 이 항구에서 느긋이 앉아서 햇볕을 쬐며 졸 수 있겠지요. 저 아름다운 바다를 감상하면서 말이오."

"하지만 그것은 이미 하고 있지 않소?"

어부가 되물었다.

"나는 이미 항구에 느긋이 앉아서 졸고 있소. 다만 찰칵거리는 카메라 소리에 잠이 깬 것이지."

이 말을 듣고 나름 똑똑한 여행자는 생각에 잠긴 듯한 표정으로 그 자리를 떠났다. 왜냐하면 그는 이제까지 자신이 일하는 이유가 언젠가는 더 이상 일할 필요가 없도록 하기 위함이었다고 생각해왔기 때문이다.

이제 그의 마음속에는 초라한 옷차림의 어부에 대한 동정은 남아 있지 않다. 대신 약간의 시기심만 일 뿐이다. (유정길 블로그, https://zrr.kr/xUPK)

하인리히 뵐의 사업가와 어부 이야기는 멕시코 어부와 미국 사업가 등 다양하게 각색된 판본이 퍼져 있어서 읽어본 분들이 많을 것입니다.

지금 여기 자신의 배에서 느긋하게 햇볕을 쬐는 어부의 삶과 과거와 미래에 포로로 잡힌 헛똑똑이 사업가의 삶이 극명하게 대비됩니다.

찰칵찰칵 카메라를 목에 건 사업가의 여행을 지금 당장 멈춰야 합니다. 과거와 미래로부터 탈출해 지금 여기로 돌아와야 합니다.

지금 당장 멈추고, 찰칵찰칵 소유의 삶을 내려놓는 결단, 지금 여기의 삶을 선택하는 회심, 이것이야말로 내 삶의 전원을 켜고 빛나게 하는 일생일대의 인연입니다. ☀

45. 세상과 함께, 우주 전체와 함께

울긋불긋 등산복을 입고 저마다 스틱을 두 손에 든 한 무리의 등산객들이 왁자지껄 웃고 떠들고 숨을 헉헉거리며 빠른 속도로 저 앞에서 다가옵니다. 순간 불편하고 그들을 싫어하는 마음이 확 일어납니다. 순간 그런 마음을 알아차림 합니다.

조용히 옆으로 비껴 서서 지나가는 길을 터줍니다. 부디 그들에게 튼튼한 다리 근육과 함께 튼튼한 마음 근육이 생길 수 있는 인연이 일어나기를 기도합니다.

다시 숨을 들이쉬고 천천히 한 발을 옮깁니다. 10분 뒤, 1시간 뒤는 생각하지 않습니다. 어두어지면 어두어진 대로 집으로 갑니다.

지구별 흙 위에 발을 올려 승선한 지금 여기 내 현존의 집은 '지금 여기 이 순간의 시공간'의 지구별입니다

산은 산이요 물은 물입니다.
산은 산이 아니요 물은 물이 아닙니다.
산은 산이기도 하고 산이 아니기도 합니다
산은 산인 것도 아니고 산이 아닌 것도 아닙니다.

말장난 같습니다.
부처님 가르침의 핵심을 가장 짧게 요약했다는 반야심경은 이렇게 말하고 있습니다.

모든 것은 실체가 없고 비어있으므로 발생하지도 않고 소멸하지도 않으며, 더럽지도 않고 깨끗하지도 않으며, 늘어남도 없고 줄어듦도 없다. 그러므로 공의 경지에는 몸도 없고 느낌, 생각, 의지, 분별심도 없으며, 눈도 귀도 코도 혀도 피부도 마음도 없고 형상도 소리도 냄새도 맛도 촉감도 생각된 것도 없으며... 무명도 없고 무명의 소멸도 없으며, 늙어 죽음도 없고 늙어 죽음의 소멸도 없으며, 괴로움도 없고 괴로움이 쌓여 일어남도 없고 괴로움의 소멸도 없고 괴로움의 소멸에 이르는 길도 없다. 앎도 없고 성취도 없고 성취하지 못함도 없다.

　오직 '없다', 없을 뿐이다, 그게 우리 삶의 실체입니다.
　오직 생생하게 '있다', 있을 뿐이다, 그게 우리가 살아야 할 현존의 우리 삶 실체입니다.

　걷습니다. 다만 걷습니다.
　현재도 과거도 미래도 없이 다만 지금 여기 이 순간 별과 함께, 광대한 우주와 함께 걷습니다.

　내부의 심연과 함께 걷습니다.
　또 다른 나와 함께 걷습니다.
　세상과 함께 걷습니다.
　붓다와 함께, 예수와 함께 걷습니다. ☀

46. 당신이 붓다, 당신이 예수

'당신은 부처님'이란 이 말은... 석가세존께서 한 생애의 육신을 거두면서 마지막으로 전 인류에게 들려주고 싶었던 단 한 마디 말씀이었다... 불교를 한 마디로 표현하면 '당신은 부처님'이다...

법당의 부처님은 비난을 하고 욕을 해도 화를 낼 줄을 모른다. 바람이 불고 비가 와도 그 사실을 모른다. 심지어 당신에게 바친 돈을 훔쳐가도 어떻게 할 줄을 모른다.

그러나 지금 '당신이라는 부처님'은 슬프면 울 줄도 알고 기쁘면 웃을 줄도 안다. 추우면 추운 줄을 알고 옷을 찾아 입는다. 더우면 더운 줄을 알고 시원한 방법을 찾는다. 참으로 신통방통한 살아있는 참 부처님이다.
(무비, 『당신은 부처님』, 불광출판사)

무비 스님은 '마음이 부처다'라고 하는 시대는 끝났다, '도는 말을 떠나 있다'라고 하는 시대도 끝났다고 단언하고 선언합니다. 탐욕이 즉시 도이고 성냄이 도이고, 탐진치 삼독 이 세 가지에 일체 불법이 다 갖춰져 있다고 말합니다.

어찌 보면 살불살조 화두처럼 붓다의 가르침과는 정면으로 어긋나는 불경한 말 같습니다.

마음이 부처라는 시대는 지나갔다, 이 몸이 부처다. 또 깨쳐야 부처라는 시대도 지나갔다. 깨치지 않아도 지금 그대로 부처인 시대가 왔다. 3아승지겁을 닦아야 성불하는 것이 아니라 이제는 지금 그대로 닦지 않고 성불이다. 지금 부처로 살지 않고 어느 세월에 부처로 살겠는가?

그야말로 21세기 붓다 선언입니다. 걷기명상으로 여기까지 걸어온 분들은 무비 스님의 이 단칼 법문을 즉시 이해하고 수긍하고 받아들일 수 있을 것입니다.

맞는 말입니다. 지금 이 순간을 생생하게 살고 있는 당신이 붓다입니다.

우리는 모두 태어날 때 눈에 티끌 한 점 없이 태어났습니다. 붓다로 태어났습니다. 예수로 태어났습니다.

다만 지금 여기에서 생각과 갈애를 멈추고 그 본디 모름 이전으로 돌아가고, 이후로 가버리기만 하면 됩니다.

참선 한 시간 안 해도 우리는 이미 부처입니다... 우리는 지금 이대로가 완전무결한 부처님이라는 가르침을 담고 있습니다.

실로 우리가 지금 이 순간 부처가 아니면 그 어느 세월에 어디에 가서 부처가 되겠습니까?... 우리가 설정해 놓은 그 부처의 경지에 누가 이르렀다는 말입니까? 그런 경지는 없습니다.

우리는 선과 악을 구별하고, 선한 사람과 악한 사람을 구별합니다. 중생과 성인을 구별하고, 신과 신의 종을 구별합니다. 그런데 사람은 늘 변합니다. 수백 명을 죽이고 죽은 자들의 손가락으로 목걸이를 만들어 걸고 다닌 살인마 도적 앙굴리말라도 붓다에게 출가해 깨달음을 얻은 아라한이 되었습니다. 앙굴리말라는 본디 부처였습니다.

신에게 제사 지내는 것도, 신에게 경배하는 것도, 유명한 스님을 받들어 모시는 것도 구별과 분별의 어리석은 미망입니다. 붓다인 자신을 종으로 만드는 일입니다. 오직 유일무이한 지금 여기의 의지처인 자신의 몸과 마음, 진리를 스스로 눈가리개로 가리고 깜깜한 동굴에 자신을 유폐시키는 짓입니다.

신이 아닌 이웃들, 스님 아닌 자매형제들을 깔보고 싫어하는 마음을 애써 만드는, 번뇌와 고통에 짓눌리는 삶을 사는 것입니다.

한 비구니 스님이 봄이 어디 있나 찾으러 하루 온종일 여기저기 사방을 헤매고 다녔습니다. 짚신이 다 닳도록 언덕 위의 구름 따라 걸었습니다. 그럼에도 찾을 수가 없었습니다.

허탕 치고 힘없이 집으로 발걸음을 옮깁니다. 우연히 집에 있는 매화나무 밑을 지납니다. 비구니 스님은 그 순간 깨달음을 얻습니다. "봄은 이미 매화 가지 위에 한껏 와 있었네."

우리는 모두 봄을 찾듯 행복을 찾아 헤매고 다닙니다. 태어나서 죽을 때까지 사람을 만나고 어울리고, 짝을 찾아 자식을 낳고, 돈벌이에 매달리고 명예를 추구하고 권력을 추구하는 것도 다 행복한 삶을 위해서입니다.

출가 수행을 하는 것도, 깨달음을 얻고 붓다가 되기 위해 참선하고 정진하는 것도 행복을 찾기 위해서입니다. 그런데 구름을 손으로 잡으려고 용맹정진 언덕 위를 달려 올라가면 구름은 저 멀리 또 다른 언덕 위에 있습니다. 소를 타고서 소를 찾고 있습니다.

행복은 다른 데 있지 않습니다. 내 몸과 마음이 행복의 집입니다. 집으로 돌아오면 눈처럼 흰 매화 꽃, 홍매화 꽃, 황매화 꽃이 만발해 있습니다. 매화뿐이 아니라 온갖 꽃이 만발한 꽃 대궐이 있습니다. 기적이 바로 내 몸과 마음에 있습니다.

내 몸이 행복이고, 내 마음이 행복이고, 지금 여기 이 순간 나의 살아 있는 한 걸음이 행복이고 성불이고 니르바나입니다. 수백 억을 줘도 사지 못할 현존의 삶, 그게 '지금 여기 이 순간'입니다.

지금 여기 이 순간을 걷는 것, 지금 여기 이 순간 현존의 삶을 이웃과 함께 더불어 기쁨으로 살고 누리는 것, 이게 깨달음이고 니르바나입니다.

대만의 자선단체 자제공덕회(慈濟功德會)가 운영하는 자재병원은 부자건 극빈자건 생명을 살리는 것을 최우선으로 삼습니다. 치료비는 무료입니다. 생활비까지 줍니다. 전세계 수백만 명의 사람들이 한 푼 두 푼 자비심을 모은 기부금으로 운영합니다.

비구니 증엄 스님이 어느 병원에 신도의 병문안을 갔다가 병원 바닥에 핏자국이 낭자한 것을 보고 놀랍니다. 한 임산부가 난산으로 병원에 왔는데, 치료비와 보증금이 없다고 병원 밖으로 쫓겨났다는 얘기를 듣습니다. 증엄 스님은 비통한 심정을 가눌 수가 없었고, 그 인연으로 무료 병원을 세우게 되었습니다.

증엄 스님은 태풍이나 폭우로 집을 잃은 수천 명의 사람들에게 집을 지어주었습니다. 심지어 기독교인들을 위해서 교회까지 지어주었습니다. 기독교인이건 무함마드 교인이건 모든 사람은 부처님입니다.

증엄 스님의 자제공덕회는 1966년 6명의 스님과 30여 명의 재가 신도들 발원으로 출발합니다. 증엄 스님은 맨 처음 노인후원기금을 모을 때 모두에게 대나무 저금통을 하나씩 주고 하루에 50전씩을 모으자고 제안합니다. 한 재가 신도가 하루에 50전보다 한 달에 15원씩 모으는 게 낫지 않느냐고 묻습니다.

그러자 증엄 스님이 답합니다. 내가 원하는 건 매일입니다. 매일 50전을 저금하면 여러분은 한 달 내내 좋은 마음을 내게 되지만, 한 달에 한 번 15원을 내면 그저 한 번 좋은 생각을 낼 뿐이지요.

나의 섬에서 나는 걷습니다. 나의 붓다와 함께 나는 걷습니다.
어떤 행동도 그것이 이웃들과 함께 나누는 공유의 삶과 공동선에 기여한다면 거리낌 없이 가리지 않고 행동합니다.

당신이 붓다입니다. 당신이 예수입니다.
우리는 함께 걷습니다.
우리는 태초의 앎이고 함입니다. ☀

그대에게 절합니다

그대에게 절합니다

꽃인 그대에게 절합니다
붓다인 그대에게 절합니다
예수이고 무함마드이고 장자이고 최시형이고 장일순이고
고따미 비구니이고 성모 마리아이고
최초의 어머니 곰인 그대에게 절합니다

봄날의 꽃으로 떨어진 그대에게 절합니다
내가 나에게 절합니다

그대를 품 안에 안습니다

질경이 한 잎인 그대를 안습니다
붓다인 원효를 안습니다
예수인 요석공주를 안습니다
무함마드인 도로시 데이를 안습니다
어머니인 전봉준을 안습니다

그대 옆에 섭니다

죽어가는 구상나무인 그대 옆에 섭니다
이미 죽음인 제주 산호초 그대 옆에 섭니다
봄날 영하의 날씨에 배꽃, 사과나무 꽃으로 떨어진 그대 옆에 섭니다

지금 여기에 절합니다

첫 걸음마를 뗀 그대에게 절합니다
내가 나에게 절합니다

☀ ☀ ☀

사진 민종덕

어떻게 걸어야 하나

걷기명상

1판 1쇄	2024년 7월 6일
지은이	원혜 ㅣ 박승옥
편집 디자인	서동민
인쇄	상지사
펴낸이	박승옥
펴낸곳	기적의 마을책방
출판등록	2018년 1월 3일 제712-96-00538호
주소	충남 공주시 사곡면 운정길 35 햇빛학교
전화번호	041-841-2030
ISBN	979-11-988211-0-2 (032200)

값 15,000원

272